CHANSONS
ET
PASQUILLES LILLOISES,

SUIVIES

d'un Vocabulaire pour servir de notes et des Airs nouveaux
de l'Auteur

Par DESROUSSEAUX.

> Le bon Dieu me dit : Chante,
> Chante, pauvre petit !
> BÉRANGER.

TOME II.

LILLE,
CHEZ CUFAY-PETITOT,
Et chez les principaux libraires.
1855.

CHANSONS

et

PASQUILLES LILLOISES.

CHANSONS

ET

PASQUILLES LILLOISES,

SUIVIES

d'un Vocabulaire pour servir de notes et des Airs
nouveaux de l'Auteur.

Par DESROUSSEAUX.

Le bon Dieu me dit : Chante,
Chante, pauvre petit !
BÉRANGER.

TOME DEUXIÈME.

LILLE,
CHEZ CUFAY-PETITOT ET CHEZ LES PRINCIPAUX LIBRAIRES.
1855.

Lille. Imp. de Lefebvre-Ducrocq.

A MES CHANSONS.

PRÉFACE EN FORME DE ROMANCE.

Air nouveau de l'auteur.

Enfants d'une folle musette
Qui, tout en riant, vous créa,
Puisque vous quittez ma chambrette,
Écoutez l'avis que voilà :
Voulez-vous gagner, dans nos rues
Un peu de popularité ?
Il faut que vous soyez pourvues
D'un passe-port signé : gaîté.

  Allez, chansons !
  Par vos joyeux sons
Portez l'espoir et l'allégresse ;
Soyez l'effroi de la tristesse,
  Et du bonheur
  L'ange précurseur.

VI

Car la gaîté, c'est une fée
Dont la baguette peut toujours
Faire du chanteur un Orphée;
Embellir les tendres amours;
Chasser le démon de l'envie;
Par le rire sécher des pleurs;
Du rude sentier de la vie
Cacher les ronces sous des fleurs.

    Allez, chansons!
    Par vos joyeux sons
Portez l'espoir et l'allégresse;
Soyez l'effroi de la tristesse,
    Et du bonheur
    L'ange précurseur.

Vous ne serez point publiées
Par les journaux de tous pays;
Vous ne serez point reliées
En maroquin du plus haut prix;
Vous n'irez point, avec Sénèque,
Remplir un illustre casier...
Vous aurez pour bibliothèque,
La mémoire de l'ouvrier.

    Allez, chansons!
    Par vos joyeux sons

Portez l'espoir et l'allégresse ;
 Soyez l'effroi de la tristesse,
  Et du bonheur
  L'ange précurseur.

Enfants ! votre lot n'est pas mince :
Adoucir le rude labeur
Des artisans d'une province,
Et les faire croire au bonheur,
C'est un bien heureux privilége
Qu'on ne peut obtenir souvent
Par des jours passés au collége,
Ou l'étude du vers savant.

 Allez, chansons !
 Par vos joyeux sons
Portez l'espoir et l'allégresse ;
 Soyez l'effroi de la tristesse,
  Et du bonheur
  L'ange précurseur.

Si parfois sur votre passage
Vous rencontrez de froids rhéteurs
Qui critiquent votre langage,
Votre gaîté même, et vos mœurs,

VIII

Ne vous alarmez point, mes belles :
Contentez-vous de vos succès,
Et laissez-les, par leurs nouvelles,
Nous endormir en bon français.

Allez, chansons !
Par vos joyeux sons
Portez l'espoir et l'allégresse ;
Soyez l'effroi de la tristesse,
Et du bonheur
L'ange précurseur.

LE JOUR DE L'AN.

Air du Vaudeville du Sorcier.

N.º 1.

Puisque vous m' donnez la parole
Pour roucouler un p'tit couplet,
Sur eun' fiêt' qui m' paraît fort drôle,
J' vas vous déblouquer min cap'let.
Et si cheull canchon peut vous plaire,
J'in sus sûr, chacun d' vous rira
    Et dira :
    « Ah ! qu' ch'est cha !
    Ch' cadet là
N'est point si sot qu'i veut bien l' faire,
On peut dir' qu'i connot l' trantran
    Du jour de l'an. » *(4 fois).*

On est incor à l' Saint-Sylveste,
Déjà tout l' monde est sans sus d'sous :
Un homm' s'in va dégager s' veste,
L'aut' vind l' sienn' pour avoir queq's sous...
On vot les femm's les moins propettes,
Ouvrer d'action pour nettoyer,
  Répourer,
  Récurer,
  Et laver
L' cuive et l'étain, l' poêle et l's assiettes,
Meubles, planquer, tout l' bataclan!...
  V'là l' jour de l'an!

Avant que l' diable euch' mis ses bottes,
Tous les gins saut'nt in bas d' leus lits ;
Les femm's fris'tent leus papillottes ;
Les homme' indoss'tent leus habits ;
Et, tout fiers de leus biell's toilettes,
I march'tent tout in se r'vettiant,
  S' pourmirant,
  S'admirant,
  Comme un paon...
In général, i s' tienn' si raites,
Qu'on les croirot mi' au carcan.....
  V'là l' jour de l'an!

Alors, chacun fait ses visites
A ses amis, à ses parints ;
Ch'est là qu'on vot des hypocrites,
Tourner les pus biaux climinints.
Pour débiter leus biell's paroles,
I prinn'nt un p'tit air de bonté :
  « Bonne ainné,
   Bonn' santé
    Et gaîté !... »
Quand il' ont dit ches fariboles,
I les quitt'nt in les crétiquant...
   V'là l' jour de l'an !

Pour les gins qui sont dins l' misère
Arrive un aut' désagrémint :
Chaque infant, l' velle, a r'chu de s' mère
Eun' leçon pou d'mander d' l' argint.
I s'y prind quasimint d' cheull sorte :
« Mettez vos mains dins vos saclets.
   Vous verrez
   Chin qu' vous allez
    M' donner!... »
Et si l' somm' n'est poin' assez forte
L' moutard s'in va tout in brayant!...
   V'là l' jour de l'an !

Moins d'vérités que d' mintiries,
Gramint d' promesse' et peu d'effets;
Des sott's caress's, des plat's flatt'ries,
Un dard muché dins les souhaits.
Méfiez-vous, gins trop crédules,
D' raconter les s'crets d' vot mason,
      Queq' luron
      Au jargon
      For' in r'nom,
Y trouv'ra bien des ridicules
Pour amuser l' dernier passant...
      V'là l' jour de l'an!

Infin v'là comm' finit cheull' fiête :
A forch' de parler, d'avaler
De l' bièr', du schnick et d' l'anisette,
Les pus crain's finitt'nt pa s' soûler
Alors on n' vot pus qu' des disputes,
A chaq' coin d' rue des batillards,
      Des braillards,
      Des soûlards,
      Des gueusards,
Qui se r'pouss'nt et faitt'nt des culbutes...
La garde met fin à ch' boucan.
      V'là l' jour de l'an!

L' GARCHON D'HOPITA.

Air dans la Paix et dans l'innocence.

N.º 2.

Heureux ch'ti qui d'eun' bonn' mère,
Peut boire l' lait du bonheur.
Mais d'êt' privé d'y fair' chère,
J' cros qu'i n'y-a point d' déshonneur...
Pauvre infant d'eun' mèr' marate,
Je n' dos point rougir pour cha;
Bien du contrair', mi je m' flatte
D'ête un garchon d'hôpita.

Quand sur les bancs d'eune école
J'usos mes fonds d' patalon,
J'attrappos pus d'eun' tarniolle
Pour n'avoir point su m' leçon...
Mais comme j' canjos d'allure,
Au momint d' minger l' rata...
J'étos l' pus savant, j' vous l' jure,
D' tous les garchons d'hôpita.

In n' me norichant point d' scieince,
J' v'nos fort, grand, d' jour in jour;
On m'a trouvé, sans qu' j'y pinse,
Biau comme un infant d' l'amour.
Aussi Marie, Ros', Prudence,
Lisette, Antoinette, Clara...
Garderont longtemps l' souvenance,
Du biau garchon d'hôpita.

Pour servir le p'tit roi d' Rome,
On a d'mandé des soldats,
Petits d' tall', mais grands tout comme
Des géants, dins les combats.
S'i s'agit d' donner des pilles
A des enn'mis, j' dis : me v'là!...
J'ai servi dins les pupilles,
In vrai garchon d'hôpita.

On l' sait, pour bien fair' la guerre,
I faut du cœur et d' l'action.
Pour mi, dès l' première affaire,
J' batillos comme un démon.
Jugez si j'ai eu de l' chance ;
L'étoil' qu'on vot briller là,
A récompinsé l' vaillance
Du p'tit garchon d'hôpita.

Hélas ! un jour, la victoire
A r'fusé ses biaux lauriers,
A les Français, griblés d' gloire ;
Au pus grand d' tous les guerriers...
De ch' jour de deul et d'alarmes,
Min cœur toudis s' souviendra...
Il a fait couler les larmes
Du p'tit garchon d'hôpita.

Mais ch'est trop parler d' tristesse,
A Lille, j'ai r'trouvé l' bonheur :
Ros' m'avot gardé s' tendresse,
Elle a su r'séduir' min cœur.
Nous avons vingt ans d' mariache,
Et, personne n' le croira,
N'y-a jamais d' broull' dins l' ménache
Du vieux garchon d'hôpita.

Si l'un d' vous veut m' faire visite,
I s'ra bien r'chu sans façon :
Ros' mettra sus l' fu s'marmite,
Pour cuire eun' tiêt' de mouton ;
A m'n habitud' s'i s' conforme,
Sus l' temps que l' café boura,
I verra l' crox, l'uniforme
Du p'tit garchon d'hôpita.

L' PARAINNACHE.

Air: On obtient tout de son Beau-Père.

N.º 3.

Dimanche l' marchand d' lait Christophe
Vient m' trouver et m' dit sans façon :
« D'un parrain vous avez l'étoffe,
Ainsi, faut l' l'ête à min garchon. »
J'allos dire à ch' vieux Nicodème,
Je n' veux point ! mais j' pinse in mi-même :
Ch'est eun' pièch' six francs qu' cha m' coût'ra,
Et p't-êt' que l' bon Dieu m' bénira ;
A ch'l infant si j' donne l' baptême, ⎱ *bis*.
Sin pèr' dins min lait me l' rindra. ⎰

Aussitôt j' prinds l' bras d' min compère,
Et nous galopons qu'à s' mason ;
Là, m'attindot m' petit' commère,
Pour aller batijer l' poupon.
Cheull fillett', biell' comme un p'tit anche,
M' fait r'ssintir un bonheur étranche.....
Ah ça ! qu' je m' dis : Roi des lurons,
Si te n' fais point d's aut's réflexions,
Mets tout t'n esprit sur eun' balanche,
I n' pés'ra point pus d' tros quart'rons.

Malgré ch' bon consel que je m' donne,
Min cœur faijot *douq*, *douq*, pus fort ;
J'avos l' visach', Dieu me l' pardonne,
Gai comme l' musiau d'un quien mort.
V'là qu' dins l' rue un grand brui' approche ;
Chacun crie : Partons v'là l' caroche....
Je m' laich' conduir' comme un bénet,
Pa m' commère et min marchand d' lait,
Tout in ruminant dins m' caboche,
Si n' vont point m' conduire à l' *Lomm'let*.

Respirant l'air tout l' long de l' route,
J'ai fini par vir net et clair,
Que j' venos d' juer l' rôl' d'eun' croûte,
Et qu'il étot temps d' canger d'air ;
Cessant d' faire eun' triste figure,

A l' maraine j' dis : « J' vous assure
Qu' vos biaux yeux m'ont bien fait souffrir.... »
— « Ritin, faut point vous in r'pintir,
Car, quand l'amour fait queq' blessure
Il a d' l'onguent pour le r'guérir. »

Cheull parol' de m' petit' commère
A fait cesser tous mes tourmints.
Quoi ! j' dis, comme un apothicaire,
L'amour donn' des médicamints ?
D'mandez-li pour mi queq's implates,
J' sus-t-amoureux d' vous comm' tros cattes!!
Infin m'n esprit sort' de s'n exil
Pus qu' jamais pétillant, subtil ;
In débitant des couyonnates,
Nous intron' à l'état-civil.

L'imployé, d'un air in colère,
Dit : Quoich'que vous présintez-là ?
Un infant,... li répond m' commère,
Je l' sais, dit l'aut', ch'est poin' un q'va !...
Sus ch' temps-là, l' père l' déshabille,
L'imployé vot qu' ch'est poin' eun' fille...
— Queu nom qu' vous donnez à ch'l infant ?
J' réponds : *Fidèle, Amand, Constant,*
Tintin, Tutur', Dodoph' Mimile.....
— Halte ! l' liv' n'est poin' assez grand.

Tout in riant de ch'l avinture,
A *Saint-Sauveur* nous arrivons ;
On baptije l' petit Tuture,
On paie l' cairesse et nous partons.....
D'vant l' porta, v'là l' pus biau d' l'histoire,
Chacun m' demandot des pour-boire.
A cheuss' qui criott'nt sus l' quemin,
Du chuc, Parain ! du chuc, Parain !....
J' dijos : Si vous s' cassez l' mâchoire,
Cha n' s'ra point d' cha, j'in sus certain....

Dins les bras de s' petit' mémère
On a r'porté l' nouviau chrétien ;
A table, ah ! qu'on a fait bonn' chère ;
Nous avons lampé ferme et bien.
On a canté, cha va sans dire,
D'puis *Malbrouck* jusqu'à *Tirelire*...
In acoutant tout chin qu'a dit
L' marain', cheull fillett' plein' d'esprit,
A chaq' minute on p...ouffot d' rire,
Et nous avons passé tout l' nuit.

Infin, in r'conduijant l' maraine,
J'ai fait m' petit' déclaration.
Ell' m'a dit, r'venez dins l' huitaine,
Vous arez m' répons' pour tout d' bon...

On a vu souvint des mariaches,
Fabriqués par des parainnaches :
J'espèr' qu'il in s'ra d' même ichi,
Et si m' commèr' veut m' dire : Awi !
Avant dix mos dins not ménache,
Nous f'ron' un parainnache aussi.

LA CURIOSITÉ

ou

LES CÉLÉBRITÉS LILLOISES (1).

Air : A la foire à Saint-Cloud.

N.º 1.

Rien n' me fait pus bisquer,
Qu' d' intind' crétiquer,
Des Lillos, l' bonn' ville,
Par un tas d' voyageux,
Qui ditt'nt, ches minteux,
Qu'elle n'a rien d' curieux.

(1). Les personnes qui désireront chanter cette chanson en société, trouveront chez M. Lefebvre-Ducrocq, une curiosité (petit théâtre) dans laquelle on voit les tableaux et portraits qui ont rapport à chaque couplet, et qui pourra leur être prêtée gratuitement.

Aussi, j'ai invinté,
Cheull curiosité,
Qui f'ra vir qu'à Lille,
I n'y-a des drôl's de corps,
Au moin' aussi forts,
Que cheuss' du déhors.

Vettiez, v'là les-z-*Hurlus*,
Honteu' et réhus,
Qu' *Jeann'-Maillotte* éreinte;
On vot tous ches lurons,
D'vant ses cotillons,
Tourner les talons ;
Les femm's de not pays,
Dins l's yeux d' ches bindits,
Jett'nt des poignies d' chintes!....
Les Lilloiss's de nos jours,
Douch's comm' des amours,
N' faitt'nt pus d'parels tours.

V'là *l' femm' de Brul'-Mason*,
Qui sert du gambon
A s'n homm', sans moutarde;
Car, à chin qu'elle dijot,
Nul graissier n'n avot
L' grosseur d'un p'tit dogt.

Brul'-Mason n' crot point cha,
I li dit : « Va, va,
« T' n'es qu'eun' grand' lozarde! »
Et, sans fair' pus d' façon,
I s'in va tout d' bon
In quère à Dijon.

Ichi ch'est *Grand-Queva*,
Vieux soldat malva;
Vettiez ch' pauf' Lazare,
Raclant sus sin violon,
L'air d'un rigodon,
Tros quarts d' heur' de lon!...
Au dir' des connaîcheux,
Chin qu'i juot l' mieux,
Ch' est l' *March' des Tartares*,
Et, pou juer cha, *Konski*,
Artaud, Bazzini,
N' sont rien tout près d' li.

Vettiez l' vieux pèr' *Bolis*,
Arrachant gratis,
Un restant d' machoire...
Sin *sinche* est tout près d' li,
Qui donn' du plaisi,
Et gratis aussi...

Ch'l arracheux d' dints r'nommé,
Quand il a gangné,
D' quoi minger, d' quoi boire,
I n' pins' point si l' lind'main
Il ara du pain,
Ch'est dign' d'un Romain!!

Ichi, ch'est *P'tit-Franços*,
Qui nous amusot
Avé s'n air cocasse,
Et qui dijot s' canchon,
D'li deli de lon,
Imitant l' violon;
Quand il avot posé
Sus sin front, plissé
Comm' eun' viell' payasse,
Eun' gauff', qui, tout douch'mint,
Allot sus ses dints,
S' faire croquer brav'mint.

V'là l' caf' des *Quat'-Martiaux*,
Fabriq' de gatiaux
Qu'on appell' couq'-baques!
Ch'est là qu' sans se ruiner,
Mieux qu' chez l' pâtissier,
On peut s' régaler;

On sint sin cœur craquer,
Quand on vot griller
L'démélach' sus l' plaque...
Mi, rien qu'in passant d'vant,
J' m'in vas tout r'nifflant,
Et tout m' pourléquant!!

Mais t'nez l' pus biau des biaux,
Ch'est ch' marchand d'ojeaux
Du nom d' *Quartelette !*
Eun' canchon nous apprind,
Que ch' drôl' de chrétien,
Aimot l'amus'mint;
Qu'à forch' de s' divertir,
I s'a fait morir
A boire enn' canette......
Mais l' canchon n' nous dit point,
Si ch'est d' bière ou d' vin,
De schnick ou d' brandvin.

Mais j' oblios l'*Homm'-Bleu!*
A Moûcron, ch' Monsieu,
Va pour eune affaire,
Un gendarme butor,
In criant bien fort,
Li d'mand' sin pass'-port...

L' Homm'-Bleu, quoiqu' homm' d'esprit,
Aussitôt rougit
Et vient *bleu d' colère*,
Au gendarme dijant :
Je ne suis pourtant
Ni rouge ni blanc!!

Tout finit par lasser,
J' m' in vas donc cesser
Cheull revue d' famille;
J'espèr' que vous trouv'rez,
Qu'in célébrités,
Nous somm's bien montés...
Eune aut' fos j' vous f'rai vir,
Pour vous divertir,
Les monumints d' Lille;
Vous arez tant d' plaisi,
Qu' vous m' direz : merci!
Tout comme aujourd'hui.

LA NOUVELLE-AVENTURE.

Air nouveau de M. Ch. CHOULET (de Douai).

N.º 5.

D'puis bien longtemp', on fait courir
Un bruit qui met martiel in tiête,
I paraît qu'on veut démolir
L'*Avintur'*, cheull fameuss' guinguette!....
Pour éviter ch' malheur, dit-on,
Au nom d' nos joyeuss's ouvérières,
On va chez les propriétaires
Porter ch'l espèce d' pétition :

« Laichez-nous l'*Nouvielle-Avinture*,
« U bien, nous languirons, j' vous l' jure,
« Dins les tourmints, dins les douleurs,
« Comme un papillon privé d' fleurs. »

« Avant d'abatte ch' monumint
Que d' lon et d' près tout l' monde admire,
Acoutez, Messieur', un moumint,
Les queq's parol's que j'in viens dire :
Il a procuré pus d' plaisis,
D'heur's de bonheur et d'espérance,
Que tous les biaux palais d' la France
N'ont fourni d' chagrin' et d'innuis. »

« Laichez-nous l' *Nouvielle-Avinture*,
« U bien nous languirons, j' vous l' jure,
« Dins les tourmints, dins les douleurs,
« Comme un papillon privé d' fleurs. »

« Nos pèr's, nos mère' et nos taïons (1)
Ont, comm' nous, dins les jours de fiêtes,
Dansé là bien des rigodons
A l'ombre de ches biell's gloriettes ;
Ch'est là qu'il' ont connu l'amour,
In s' juran' amitié, constance ;
Et pus d'un d' nous dot l'existence
A l'existenc' de ch' biau séjour... »

« Laichez-nous l' *Nouvielle-Avinture*,
« U bien nous languirons, j' vous l' jure,
« Dins les tourmints, dins les douleurs,
« Comme un papillon privé d' fleurs.. »

(1) Aïeux.

« Si ches abres, si ches bosquets,
Trouvott'nt un langach' pour vous dire
Tous les s'crets qu'on leu-z-a confiés,
Ah! vous n' vodrit's pus les détruire....
Pour nous, qui fort souvint allons
A leus pieds danser, rire et boire,
Nous d'vinons bien cheull longue histoire
Par l'abrégé qu' nous connaîchons. »

« Laichez-nous l' *Nouvielle-Avinture*,
« U bien nous languirons, j' vous l' jure,
« Dins les tourmints, dins les douleurs,
« Comme un papillon privé d' fleurs. »

« Si vous ne r'tirez point ch' projet,
On peut dire adieu pour la vie,
A l' *Sainte-Anne*, à l' fiêt' du *Broqu'let*,
Qui, déjà sont à l'agonie ;
Vous povez les ravigoter,
In faijant savoir dins l' gazette,
Qu'au lieu d' démolir cheull guinguette,
On s'apprête à l' rafistoler. »

« Laichez-nous l' *Nouvielle-Avinture*,
« U bien, nous languirons, j' vous l' jure,
« Dins les tourmints, dins les douleurs,
« Comme un papillon privé d' fleurs. »

L'FILLE A GROS-PHILIPPE.

Air de la Fille à Jérôme.

N.º 6.

Cré mill' noms d'eun' pipe,
Amis, j' vous l' dis,
L' fille à Gros-Philippe (*bis*),
Cré mill' noms d'eun' pipe,
Amis, j' vous l' dis,
L' fille à Gros-Philippe,
J' l'haïs, j' l'haïs.

D'puis l' temps que j' connos cheull faijeuss' de tulle,
J'ai perdu l'esprit, je n' sais pus minger,

Min corp' est réglé comme eun' viell' pindule
Qui va tous les mos dins l' main d' l'horloger.
      Cré mill', etc.

Cha n' m'étonn'rot point qu' cheull fill' sot sorcière,
Elle a, par un r'gard, su m'insorceler.
Mi qu' j'étos r'nommé pour boire gramint d' bière,
Quand j' lamp' six canett's, je n' peux pu me broutter...
      Cré mill', etc.

On n' me f'ra point croir' pourtant qu'elle est bielle,
Elle a des yeux bleus, des ch'veux comm' du jais,
Des dints comm' des perle' eun' tall' d'hirondielle,
Des mains fort petite' et presque point d' pied !...
      Cré mill', etc.

J' sais bien qu'on m'dira qu'elle est fort gracieusse,
Mais mi j' répondrai : « Cha dépind des goûts.
Parc' qu'ell' sait polker, qu'elle est bonn' valseusse,
N' faut-i point pour cha se jeter à ses g'noux ? »
      Cré mill', etc.

Elle est ambitieusse, e' n' pins' qu'à s' toilette,
Ell' porte l' dimanche eun' pair' de gants blancs,
Un écourcheu d' soie, eun' baie d' cotonnette,
Des sorlets chirés, mêm' les jour' ouvrants.
      Cré mill', etc.

Eun' fos j'ai volu m'in aller li dire :
« Allez, j' vous déteste comme l' démon !
Mais cheull vrai diablesse a, par un sourire,
Cloé vite m' langue au fond de s' mason.
   Cré mill', etc.

Infin l'auter jour, i m'a pris l'invie
D'aller consulter un savant méd'cin.
I m'a dit : Garchon, j'cros que t' maladie
Ch'est pur'mint d' l'amour.... In v'là un malin!!....
   Cré mill' noms d'eun' pipe,
   Amis, j' vous l' dis,
   L' fille à Gros-Philippe (bis),
   Cré mill' noms d'eun' pipe,
   Amis, j' vous l' dis,
   L' fille à Gros-Philippe,
   J' l'haïs, j' l'haïs !

L' GARCHON GIROTTE

A LA SOIRÉE DE M. DE LINSKI.

Air : Ah ! dis-moi, mon frère Jean-Pierre.

N.º 7.

L' Garchon Girotte, grand amateur de spectacles en tous genres, possède une tendre épouse qui lui fait la guerre chaque fois qu'il se permet de satisfaire son penchant sans elle. Comme il vient d'assister à la séance prodigieuse du sieur DE LINSKI et qu'il veut parer les *coups de bonniquet* que sa chère moitié lui réserve, il l'affronte en criant à tue-tête :

    Ah ! mon Dieu ! qu' j'ai ri
      P'tite Harmance,
       A l' séance
      D' monsieur LINSKI !

Allons cesse t'n in colère
Et tes grimaces d' vieux soldat,
J' vas te conter m'n affaire, et j'espère
Qu'i n'y-a point d'quoi fouetter un cat :

Tantôt, j' pass' dins l' rue d'Ecrémoisse,
Un homm' couvert d'un choite habit,
L' col plein d'impoisse,
S'arrêt', me r'toisse,
Infin, i m' dit :

Dites doncq, l'ami! voulez-vous délivrer des conter-marques à la séance de M'sieu Linski père et fils? n'y a quinz' sous à gagner-z-et une canette à boire.— Tope! que j' dis, j' vas passer eun' soirée chicarde et impocher d' quoi payer des couq'-baques à m' femme pour l'impêcher d' crier. Queull chance!!

Ah! mon Dieu! qu' j'ai ri
P'tite Harmance,
A l' séance
D' monsieur Linski!

Quand tout l' monde a eu rimpli l' salle,
Je m' dis : V'là l' moumint d' m'amuser.
Sur eun' banquett' bourrée j' m'installe.
L'escamoteux qu'minch' sin métier....
I d'mande l' capiau d'un jeune homme,
Qui l' donn' sans faire ni eun', ni deux.
I l' pétrit comme
Un morciau d' gomme,
Et dit : « Monsieur

Voutt' feute il est bien lourd pour un chapeau d' soie.... qu'es-ce que j' vois!... queument M'sieu, vous allez en soirée-z-avec des boulets d'48 sur la boule!... vouliez-vous doncq assié-

ger *mon théâte?*... in dijant cha, i fait sortir du capiau eun' demi-douzaine de boulets d' gros calibre, comm' cheuss' que les Autrichiens nous ont laichés pour nous souv'nir du bombardemint d' Lille!...

        Ah! mon Dieu! qu' j'ai ri
           P'tite Harmance,
            A l' séance
          D' monsieu LINSKI !

I continue ses tours d'adresse,
Intre autes l'FOULARD PRODUCTEUR.....
De s' main griss', v'là qu'eun' viell' ménesse
Li donne un foulard de couleur......
In débitant des gross's malices,
Ouvre ch' moucho dins tous les sins,
    Point d'artifices,
    Si ch' n'est qu' des prisses
    I n'y-a rien d'dins.....

On crot cha du moins, mai' au mêm' moumint on in vot sortir un pleumet.. ch'est drôle, i n'in fait v'nir deux autes..... on applaudit comm' te l' pinses bien, alors i les fait v'nir par douzaine... on n' les compte pus..... mais mi, je m' dijo' in mi-même : « Si j' povos les porter à m' femme, elle me f'ro' un fameux lit d' pleume pour nous dormir douillett'mint....» J'ai poin' eu cheull chance, mais ch'est égal...

        Ah! mon Dieu ! qu' j'ai ri
           P'tite Harmance,
            A l' séance
          D' monsieu LINSKI !

Tout d'un cop, on vot sus l' théâte,
In s' dandinant, monter *l'Homme-Bleu*.
Dins tout l' salle un seul cri éclate :
« Ch'est li ! ch'est bien li, satibleu !!... »
Au public i fait s' révérance
Et vient rouch' comme eun' tiêt' d'homard
   I dit : Silence !...
   Lit, sans méfiance,
   Un babillard......

Alors i tousse, ressue sin front avec sin moucho bleu et dit chés paroles :

« Vous voyez l'Homme-Bleu dans toute sa splendeur,
Cet homme que ce soir, (soit dit sans gasconnade),
  Le plus habile escamoteur
Doit faire disparaître ainsi qu'une muscade.
De plus, ses vêtements changeront de couleur !....
Vraiment, Messieurs, j'admire avec bonheur
L'intérêt, qu'en ces lieux, inspire ma présence.
  Ah ! de cette insigne faveur
Je garderai toujours la douce souvenance. »

Hein ! comme ch'est tapé, *Brûl'-Mason* et *Jolibois* (1) n'ont jamais rien fait d' parel !....

  Ah ! mon Dieu ! qu' j'ai ri
   P'tite Harmance,
   A l' séance
  D' monsieu Linski.

___

(1) Ancien auteur et marchand de chansons; M. Gentil-Descamps en possède une signée de lui.

Ch'est l' *tour* de monsieu LINSKI père,
I jue à carte' et tout le mond' perd ;
I nous fait vir eun' tabatière
Qui vient de l' mèr' du P'TIT-ALBERT ;
I moute eun' BOUTELLE INFERNALE,
Plein' d'iau, d' chuc d' baptême et d' bon vin,
    I n'in régale
    Un garchonnale,
    Et n' m'in donn' point.....

Cha m' fait bisquer, mais j' li rinds tout m'n estime in li veyan faire l' tour de l' POULE DE PADOUE....Tiens, v'là chin qu' ch'est : I a un sa grand comme la mitan de t'n écourcheu. On met s' main d'dins, on n' trouve rien... «*Eh ben !* qu'i dit, *j'vas vous donner la manière d'y trouver queq' choss'*..... *Tenez, Mad'moiselle, mettez voutt' main dans l'sac et dites :* Coco !..... » Coco, dit cheull Mamzelle.... elle trouve un œué d'Pâques !... tout l'monde crie mirac et mettant s' main dins l' sa, rapporte des *cocodaques*.... Ah ! mais ch' tour là, min comarate, te n' l'import'ras poin' in paradis sans m' l'avoir appris, et quand j' sarai tin s'cret, j'irai m'établir au marqué d' *Louche* pour faire concurrence à tous les marchands d'œués du villache. Queull chance !!...

    Ah ! mon Dieu ! qu' j'ai ri
      P'tite Harmance,
       A l' séance
      D' monsieu LINSKI !

Tout chin que j' croyo' impossible,
J' l'ai vù là tou' allant, tout v'nant.
Après L' VOL INCOMPRÉHINSIBLE,
Il a fait L' PATISSIER GALAND.

Fort galant, te l' diras ti-même :
I donn' des gatiau' et des fleurs.
I sait qu'eun' femme,
Aime à l'estrême,
Les p'tit's doucheurs....

I nous a donné des cricris, des turlututus et des trompettes de ducasse, chin qu'i fait qu' quand *l'Homm'-Bleu* est arrivé pour nous lire sin testamint, nous li avons jué eun' fameusse aubate. Il a eu l'air fort satisfait, nous a r'merciés du geste et a qu'minché s' lecture :

« Mesdames et Messieurs,

« En acceptant la proposition du célèbre prestidigitateur De Linski, j'ai eu deux idées : la première, me suis-je dit, rentre dans mon plan philantropique. Il est certain que la caisse de M. De Linski ne s'en portera pas plus mal....... Vous m'avez compris ? Passons à la seconde idée :

« J'ai saisi cette belle et solennelle occasion, pour vous dire de vive voix deux mots publiquement d'une petite partie de mes dispositions testamentaires. Les voici officiellement :

« Après mon d. c. les docteurs Lesty, Boudois et confrères, seront chargés de m'embaumer, système Gannal et mieux s'il est possible; mais il y a encore un certain laps de temps pour cela ; combien ? 28 ans.

« J'ai 72 ans, 6 mois, et 28 font bien 100 ans tout juste.

« J'ai un avantage sur bien des personnes. Un de mes amis, Schah, ou roi-président du royaume de Perse, à qui j'ai rendu un grand service, m'a fait demander ce que je désirais pour mon *remerciement*; m'a pensée m'a conduit à le prier de m'assurer la vie pour 28 ans, afin d'en avoir cent révolus. Comment cela se fera-t-il? vous le saurez tout-à-l'heure.... Etant arrivé à mon terme, j'espère obtenir la bagatelle de 4 0/0; mais avant d'avoir atteint cet intérêt bien entendu, je fais venir mon ami Hurtrel, et je lui dis : « Allons, mon cher, refais mon portrait pour la quatrième fois! » Voilà ce que vous verrez après mon d. c.; c'est-à-dire, quand je serai mort, ou, comme disent les poètes, *quand je ne serai plus.* — In intindant cheull faribole, tout *l' monde rit à s' tenir les côtes.*— Silence ! dit l'*Homme-Bleu*, i continue :

« Je suis donc d. c. d., complètement embaumé à l'extraordinaire dans une bière à roulettes, car il est bon de vous dire que je veux rouler ma bosse dans l'autre monde aussi bien que dans celui-ci. Nous arrivons à l'hôtel des Bleuets, là mes respectables exécuteurs testamentaires auront fait préparer une niche ou chapelle.... Non, décidément j'aime mieux une niche ornée de bleu, ça me convient mieux. — (Une voix): *Eh ben! nous, nous n' les aimons point les niches! et vous volez nous in juer eune.* — (Autre voix): *Allons! qu'on l' l'escamote bien vite et qu' cha soich' fini!...* L'*Homme-Bleu* les r'vète d'un air de mépris et continue, mais si bas, si bas, qu'excepté mi, personne n' l'a intindu :

« Aussitôt que je serai dans ma niche, les journaux sonneront de la trompette pour annoncer leur jugement dernier sur mon compte. Ils diront : « Venez, petits et grands ! venez voir pour la simple bagatelle de 25 centimes, au profit des Bleuets présents et à venir, l'*Homme-Bleu* embaumé, calme et inodore, » car s'il en était autrement, mes embaumeurs ayant fourni de la mauvaise marchandise ne recevraient pas un sou et mes amis leur diraient en face :

« Les docteurs ne sont pas ce qu'un vain peuple pense,
« Notre crédulité fait toute leur science !... »

« Je n'irai pas plus loin en ce moment, mon testament imprimé vous apprendra ce qu'il me reste à dire sur ce triste sujet ; mais avant de me retirer je tiens à vous confier un secret que je vous prie de dévoiler le plus tôt et le plus souvent possible. Le voici :

Tout le monde me croit totalement marchand de bleu d'outre-mer.... Erreur, Mesdames et Messieurs, je suis en même temps possesseur d'une eau de *longue-vie*, inventée par un de mes camarades de collège, l'illustrissime Cagliostro ! Finalement, les personnes ici présentes, qui veulent me faire l'amitié de vivre assez longtemps pour me voir exposé la face au soleil, recevront *gratis* en mon domicile, connu, un flacon de cette eau merveilleuse, brevetée, sans garantie du gouvernement.

   Ah ! mon Dieu ! qu' j'ai ri
    P'tite Harmance,
    A l' séance
    D' monsieur Linski !

Malgré qu' cheull lecture, i faut l' dire,
Etot gaic comm' un intièr'mint,

Nous avons terlous pouffé d' rire,
Ch'est l' sort de pus d'un testamint....
Infin l'*Homm'-Bleu*, l'incomparable,
D'avoir fini, fort satisfait,
   D'un air aimable
   Mont' sur eun' table,
   Et disparaît!....

Malgré les cris : *L'Homm'-Bleu! l'Homm'-Bleu!* on n' l'a pus r'vu ! Alors les riaches ont cessé, car on l'l'aime bien, dà, ch' vieux brave homm', on s' demandot, si, par malheur, Linski n' l'avot point pour tout d' bon invoyé dins l' barque à Caron ; mais mi, comme j' faijos partie de l' boutique, j'ai monté sus l' théâte uche que j' l'ai vu rire comm' un bochu de s' drôl' de parate ; cha m'a r'mis min cœur à s' plache et j'ai raccouru tout min pus vite, pou t' raconter min plaisi :

   Ah ! mon Dieu ! qu' j'ai ri
     P'tit' Harmance,
     A l'séance
     D' monsieu Linski !

FIN.

Ayant vu cette chanson, assez drôlette du reste, et faite évidemment dans le but de me plaire ou de m'être agréable, totalement pour me faire plaisir, j'ai cru devoir l'honorer de mon sceau.

                         J.ʰ CASTEL.
                            L'Homme-Bleu.

A propos, j'offre 25,000 fr. à celui qui prouvera que mon eau-de-vie de Cagliostro ne fait pas croître et embellir la vie.... Vous m'avez compris ? suffit.

                         J.ʰ CASTEL,
                           L'Homme-Bleu.

L' MOLIN DUHAMEL.

Air : Du port Mahon.

N.º 8.

Amis ! volez-vous m' croire,
In attindant qu'on apporte à boire,
J' vas vous conter l'histoire
Du molin Duhamel
Et d' sin vieux parapel.
Eun' nuit, v'là que l' tocsin
Nous apprind que ch' molin
Comme un vrai sauret grille....
Pour porter s'cours, on s' lève, on s'habille;
Hélas ! bétôt dins Lille
On n'intind pus qu'un cri :
« Il est cuit et rousti ! »

Autour de ch' grand mont d' chintes,
Les grands, l's infans poussottent des plaintes;
Au bout d' tous leus complaintes
I répétott'nt in chœur :
« Queu malheur ! queu malhenr ! ! ... »
Et chacun d' ches soupirs,
Rappélot des souv'nirs....
Biaux souv'nirs de jeunesse,
Qu'avec plaisi on vant' dins l' vieillesse....
Ches histoir's de tendresse
Quand vous les intindrez
Vous rirez, vous rirez.

D'abord, eun' pauver vielle
Nous dit : « M's infants, ch' pauf' molin m' rappelle
Qu'un jour, eun' sentinelle,
Tout in faijant s' faction
M'a fait s' déclaration.
J'étos fièr', mais ch' vainqueur
A rassoupli min cœur
Comme eun' viell' pair' de guêtes....
In cantinièr', au son des trompettes,
Partageant ses conquêtes,
J' l'ai sui jusqu'à Moscou,
Uch' qu'on li-a cassé l' cou.

Dins l' temps, dit l' pèr' Laplante,
Dins ch' vieux molin, n'-y-avot eun' servante
Fort bielle et bien av'nante,
Je n' povos point m' lasser,
De l' vettier, de l' vettier ;
Par eun' fos ch' biau tendron
Vient m' demander l' raison
Qui fait qu' toudis j' le r'vette ....
J' pins' de l' flatter, j' li dis : « Biell' Zabette,
J' vous aim' tant qu' j'in d'viens biête .... »
Ell' me répond : « Bénet,
Ch'est d'jà fait, ch'est d'jà fait. »

Sans trop m' mette in colère,
Zabett', que j' dis, vous êt's donc bien fière,
J' f'ros pourtant vot-n-affaire,
Un ouvérier filtier
Ch'est point du p'tit papier.
Veux-tu t' tair', qu'ell' me dit,
Pour prinde un homm' comm' ti
Faudrot qui n'n euch' pus d's autes.
T'as l' nez camard, des yeux comm' des plautes,
Faut' de boutons d' capotes,
Tes dints parott'nt servir,
Sans mintir, sans mintir.

D' vir qu'ell' me dévisache
Je n' me tiens pus, et j' li dis dins m' rache :
« Va, va t'es-t-eun' ganache ! ... »
Ell' crie: « A l'assazin,
Au voleur, au coquin !!.. »
Un homm' sort' du molin,
T'nant dins s' main un gourdin
Et un boul'-dogue à s' suite ;
V'là l' quien, Zabette et ch'l homme à m' poursuite ;
Heureus'mint, j' couros vite,
Et j'ai r'gagné m' mason,
Courant comme un dragon !

Infin, ch'est triste à dire,
Mais ches histoire' ont fait brair' de rire,
Cheuss' qui v'nott'nt de prédire
Que de l' pert' de ch' molin
Tout Lille' s'rot dins l' chagrin.
Hélas ! ch'est bien là l' sort
Qu'on réserve à chaq' mort :
Vous verrez pus d'eun' femme,
Qui, perdant s'n homm', dira: j' veux mi-même
Morir, tell'mint que j' l' aime.....
Et puis, l' semain' d'après.
Ell' vodra se r'marier.

HISTOIRE AMOUREUSE & GUERRIÈRE

D'UN TAMBOUR.

Air de la Dragonne de Friedland (E. Debraux).

Un jour, lassé d' fair' des babennes
Et désirant vir du pays,
A min père j' racont' mes peines.
I m' dit : « Garchon ! j' sus de t'n avis.
Pour passer joyeus'mint t' jeunesse,
Tiens, j' m'in vas t' donner un bon plan :
    Plan ran plan, plan ran plan ;
Va fair' la guerre avec eun' caisse,
Plan ran tan plan, tambour battant ! »

L' lind'main j' m'ingach', mais m' biell' maîtresse
Veut m' fair' canger d' résolution.
J' li dis : « Fill' ! tes marques d' tendresse
M' faitt'nt l'effet d'une vrai' p'lur' d'angnon !...

Il est trop tard, mais prinds corache,
Un jour je r'viendrai triomphant,
    Plan ran plan, plan ran plan;
A t' mèr' te demander in mariache,
Plan ran tan plan, tambour battant! »

Sermint d'amour, ch'est eun' bêtisse!
Et surtout dins l' métier d' soldat:
J' n'étos point d' huit jour' au service,
Qu' déjà j'avos cassé l' contrat....
Quand j'ai vu l' cantinièr' Nicklette
M'offrir ses goutte' in m'agaçant,
    Plan ran plan, plan ran plan,
Min cœur a fait comme eun' baguette:
Plan ran tan plan, tambour battant!

Un homm', pour cheull biell' cantinière,
Ch'est comm' pour un infant s' catou:
L' jour qu'on li donne é n'n est tout' fière
Mais l' lind'main ell' li casse l' cou....
Nicklette ayant cangé d' caprice,
M'a quitté pour un adjudant,
    Plan ran plan, plan ran plan.
Et fait mette à l' sall' de police,
Plan ran tan plan, tambour battant.

Ah ! fill' sans cœur ! sott' de Nicklette !
Pour l'adjudant quitter l' tambour !
Te n' savos point, méchant' serpette,
Qu' ch'étot faire affront à l'amour !!
Mi, sans m' fair' de mélancolie,
J' m'ai r'vingé d'sus l' femme d'un sergent,
  Plan ran plan, plan ran plan.
Point si cruell', quoiq' pus jolie.
Plan ran tan plan, tambour battant !

J' peux dir' que cheull double avinture,
Dins l' régimint a fait du bruit.
Alors, on a vanté m' tournure,
On a mêm' dit qu' j'avos de l'esprit !...
Sott' raison : pour plaire à s' maîtresse
On n'a pas b'soin d'ête un savant.
Plan ran plan, plan ran plan.
Faut savoir faire avec adresse :
Plan ran tan plan, tambour battant !

J'ai fait la guerr' cont' les Kabyles
In vrai guerrier, in vrai luron ;
Quand j' rincontros l'eun' de leus filles,
Vite j' faijos m' déclaration....
Vettiez pourtant queulle injustice,
J' n'ai point même un p'tit bout d' ruban,

Plan ran plan, plan ran plan,
Pour récompinser min service.
Plan ran tan plan, tambour battant !

Plus tard, quand j'ai r'venu dins Lille,
J' m'ai souv'nu d' mes premièr's amours ;
J'ai r'trouvé cheull malheureus' fille.
Hélas ! elle avot fait d' biaux tours !
Mariée et gross' de sin sixième,
Laide à faire peur, sans doup's vaillant ;
Plan ran plan, plan ran plan,
Cha prouv' qu'elle a fait comm' mi-même :
Plan ran tan plan, tambour battant !

UNE AVENTURE DE CARNAVAL.

Air allemand: Heraus, heraus, die Klingen.

Puisque vous volez rire,
Acoutez, j' vas vous dire
Un tour que m' femm' m'a jué
Au carneval passé.
Vous m' trait'rez d' Nicodème....
Hélas ! avec eun' femme,
Des diables, l' pus malin,
Y perdrot sin latin.
    Tralla la la la la la la,
    Tralla la la la la la.

Espérant fair' bamboche,
Avec dix francs dins m' poche,
Déguisé in pierrot,
J'arrive au CASINO.
J'aime assez m' femm' Christine,
Mais v'là : comme in cuisine,
Lasser d' mier du bouli,
On désir' du rôti.
    Tralla la la, etc.

Pour faire eun' conter-danse,
Sans pus d' façon, je m' lance
D'mander cheull qu'à mes yeux,
Pou l' tournure étot l' mieux ;
Elle accepte, et d' l'orchesse
L' violon, l' piston, l' gross'-caisse,
Nous faittent fair' des sauts
Comm' des vrais sauteriaux !
 Tralla la la, etc.

Après l' danse, à m' princesse,
In guisse d' politesse,
J'offre un verr' de liqueur,
Pour fair' passer s' sueur.
Et puis, j' li dis : « Biau masque !
Min cœur, dur comme un casque,
Est v'nu, d'puis que j' t'ai vu,
Mol comm' du burr' fondu !... »
 Tralla la la, etc.

« Chin qui veut dir', fillette,
Qu' t' as déjà tourné m' tiête,
Et qu' te peux, d'un seul mot,
M' fair' dev'nir tros fos sot....
Mais te n' s'ras point cruelle :
Quand on est tendre et biélle,

I faut, suivant l' besoin,
Soulager sin prochain. »
    Tralla la la, etc.

« Pierrot, m' répond m' princesse,
J' cros qu'i n'y-a rien qui presse,
I n' faut mett' sus sin dogt,
Que d' l'hierbe qu'on connot....
Pourtant, j' veux bien vous l' dire,
Déjà min cœur soupire,
Et, pour vous, biau mahou,
Brûl' comme d' l'amadou !...
    Tralla la la, etc.

Eh ben ! que j' li réplique,
Aussitôt l'vons boutique,
Faut point r'mette au lind'main
L' bonheur qu'on a dins s' main ;
In tout faut de l' prudence,
Laichons là valse et danse,
Sans piston ni tambour
Nous f'rons bien mieux l'amour !
    Tralla la la, etc.

In route avec cheull femme,
Je m' dijos in mi-même :
« Si m' daronn' nous véyot,

Mon Dieu quoich' qu'ell' dirot!...
Elle arrach'rot, je l' jure,
De m' princesse l' figure:...
Mais bah! n' parlons point d' cha,
Ch' qu'on n' sait point n' fait point d' ma. »
  Tralla la la, etc.

Infin, d' fil in aiwille,
Nous arrivons dins Lille.
Là, m' biell' princesse m' dit :
« J' reste au bout du RÉDUIT.
A m' mason v'nez sans crainte,
Vous n'intindrez point d' plainte,
Car, d'un galant comm' vous,
M'n homme n' s'ra point jaloux!... »
  Tralla la la, etc.

A cheull dernièr' parole
Tout min bonheur s'in vole,
Et j' m' démasque aussitôt
M' princess', qui m' dit: « Pierrot,
Imbrasse l' femm' qui t'aime,
Et rapins'te in ti-même,
Qu'on n'est jamais mieux mis
Qu'avec ses vieux habits! »
  Tralla la la la la la,
  Tralla la la la la la.

L' MARCHAND D' MACARONS.

Air: Il était un p'tit homme.

J' vas vous conter l'histoire
Du marchand d' macarons
    Desguignons :
I s'a couvert de gloire
Par tout chin qu'il a dit,
    Ch'l homm' d'esprit.
Quand vous intindrez
Les tours qu'il a jués,
Avec mi vous direz :
« Queu bon garchon *(bis)*.
Que ch' marchand macarons ! »

Comm' i n'avot point de père,
Souvint, pus d'un chochon,
    Gai luron,
Li parlot de ch' mystère....
Mais li, sans disputer,

Sans bisquer,
I dijot : « M'n ami,
J' parie avec ti
Qu' te n'n a poin' autant qu' mi ! »
Queu bon garchon, etc.

Volant s' mette in ménache,
I rincont' dins l' rue d' Pods,
　　L' fill' de Chos ;
I l' demande in mariache.
Ell' répond : « J' vodros bien,
　　Mais j' n'ai rien !... »
— « Si ch' n'est qu' cha, marions,
M' boîte à macarons
Rapport' des picaïons !... »
Queu bon garchon, etc.

Un jour, rintrant d' l'ouvrache,
I trouve s' femme avec
　　Un blanc biec !...
D'abord, écueumant d' rache,
Il impoinn' l'amoureux
　　Par les ch² feux,
I l' traite d' flandrin,
Et dit, r'tirant s' main,
« Bah !... ch'étot min destin !... »
Queu bon garchon, etc.

Pour fair' sin biennifice,
Il a rindu savant
  Un quien blanc,
Qui sait fair' l'exercice
Comme un vieux serviteur
  De l'Imp'reur ;
Poussant d' joyeux cris,
S' couch' sur un tapis
Comm' *les fill's de Paris !*
Queu bon garchon, etc.

In vindant s' marchandisse,
Alfos, des ribotteux,
  Des farceux,
Pinsant d' faire eun' malice,
Muchott'nt dins l' cabaret
  Sin bonnet.
Mais sin quien, malin,
Flairant dins chaq' coin
Li rapportot dins s' main....
Queu bon garchon, etc.

Eun' fos, s' boîte sus l'épaule :
Il intre à *Saint-Amand ;*
  In l' veyant
Eun' femm' dit cheull parole :
« J' prinds tous vos macarons

Pour chinq ronds!... »
I répond comm' cha :
« P'tit' femme, à ch' prix là
A m' quemiche i n'y-en a !... »
Queu bon garchon, etc.

Eune aut' fos, un mariache
Dansot au *Vert-Galant*,
　　Mais l' mariant
Allot rester in gache,
Pasqu'i manquot d'argint.
　　Heureus'mint,
Ch' brave homme arrivant
I crie : « *V'là l' marchand !*
Et s' boît' pour répondant.
Queu bon garchon, etc.

N'y-ara six mos à l' fiête,
Qu'i n'a pus b'soin de rien
　　Ch' pauv' quertien !...
Les bonn's gins de l' Plachette
Et cheuss' de Saint-Sauveur,
　　In ameur,
L' menant chez *Coulon*,
A s' bonne intintion,
Dijottent ch'l oraison :
« Queu bon garchon *(bis)*,
Que ch' marchand d' macarons! »

L' CANCHON-DORMOIRE.

Air imitatif par l'auteur des paroles.

« Dors min p'tit quinquin,
  Min p'tit pouchin,
  Min gros rogin ;
Te m' f'ras du chagrin,
Si te n' dors point qu'à d'main. »

« Ainsi, l'aut' jour, eun' pauv' dintellière,
In amiclotant sin p'tit garchon,
Qui, d'puis tros quarts d'heure, n' féjot qu' braire,
Tachot d' l'indormir par eun' canchon.
  Ell' li dijot : « Min Narcisse,
  D'main t'aras du pain-n'épice,
    Du chuc à gogo,
  Si t'es sache, et qu' te fais dodo. »

« Dors min p'tit quinquin,
    Min p'tit pouchin,
    Min gros rogin ;
Te m' f'ras du chagrin
Si te n' dors point qu'à d'main. »

Et si te m' laich' faire eun' bonn' semaine,
J'irai dégager tin biau sarrau,
Tin patalon d' drap, tin giliet d' laine....
Comme un p'tit milord te s'ras farau !
    J' t'acat'rai, l' jour de l' ducasse,
    Un porichinell' cocasse,
        Un terlututu,
Pour juer l'air du *Capiau pointu*.... »

« Dors min p'tit quinquin,
    Min p'tit pouchin,
    Min gros rogin ;
Te m' f'ras du chagrin,
Si te n' dors point qu'à demain. »

« Nous irons dins l' cour Jeannette-à-Vaques,
Vir les marionnett's. Comm' te riras,
Quand t'intindras dire : « *Un doup' pou Jacques !* »
Pa l' porichinell' qui parl' magas !...

Te li mettras dins s' menotte,
Au lieu d' doupe, un rond d' carotte.
  I t' dira : *Merci !*...
Pins' comm' nous arons du plaisi ! »

 « Dors min p'tit quinquin,
  Min p'tit pouchin,
  Min gros rogin ;
 Te m' f'ras du chagrin
 Si te n' dors point qu'à d'main. »

« Et si par hasard sin maîte s' fâche,
Ch'est alors Narciss' que nous rirons !
Sans n'n avoir invi', j' prindrai m'n air mache,
J' li dirai sin nom et ses sournoms,
 J' li dirai des faribolles,
 I m'in répondra des drôles,
  Infin, un chacun
 Verra deux pestac' au lieu d'un.... »

 « Dors min p'tit quinquin,
  Min p'tit pouchin,
  Min gros rogin ;
 Te m' f'ras du chagrin
 Si te n' dors point qu'à d'main. »

« Allons serr' tes yeux, dors min bonhomme,
J' vas dire eun' prière à p'tit Jésus,
Pour qu'i vienne ichi, pindant tin somme,
T'' fair' rêver que j'ai mes mains plein's d'écus;
 Pour qu'i t'apporte eun' coquille,
 Avec du chirop qui guille
  Tout l' long d' tin minton....
Te t' pourlecq'ras tros heur's de long ! »

 « Dors min p'tit quinquin,
  Min p'tit pouchin,
  Min gros rogin;
 Te m' f'ras du chagrin
 Si te n' dors point qu'à d'main. »

« L' mos qui vient, d' *Saint-Nicolas*, ch'est l' fiête,
Pour sûr, au soir i viendra t' trouver.
I t' f'ra un sermon, et t' laich'ra mette
In d'zous du balot, un grand painnier.
 I l' rimplira, si t'es sache,
 D' séquois qui t' rindront ben ache.
  Sans cha, sin baudet
T'invoira un grand martinet !... »

 « Dors min p'tit quinquin,
  Min p'tit pouchin,

Min gros rogin ;
Te m' f'ras du chagrin
Si te n' dors point qu'à d'main. »

Ni les marionnett's, ni l' pain-n-épice
N'ont produit d'effet. Mais l' martinet
A vit' rappajé l' petit Narcisse,
Qui craingnot vir arriver l' baudet.
　Il a dit s' canchon-dormoire.
　S' mèr' l'a mis dins s'n ochennoire,
　　　A r'pris sin coussin,
　Et répété vingt fos che r'frain :

　　« Dors min p'tit quinquin,
　　　Min p'tit pouchin,
　　　Min gros rogin ;
　　Te m' f'ras du chagrin
　　Si te n' dors point qu'à d'main.

OPINION DU GARCHON GIROTTE

SUR LES CHOSES TOURNANTES.

Air: Vive la Lithographie.

On est lassé d'intind' dire :
« Les journals sont innuyants ! »
Mi j' cros qu' tout cha ch'est pour rire,
Tell'mint j' les trouve amusants....

Au moins, un journal est bon
A fortifier l' vieux dicton

Qui dit : « Nous v'nons vieu' et lourds,
Nous appernons tous les jours. »

Surtout, d'puis qu' des hommes d' sceince,
Sus des table' et des capiaux,
Ont fait pus d'une espérieince,
On lit des séquois fort biaux.

Grâce à ches homm's si malins,
On n'a qu'à s' tenir les mains,
Pour fair' tourner tout autour
Un objet léger ou lourd....

On vot des assiett's tournantes ;
On vot des capiaux tournants ;
On a des tables *parlantes* (1) ;
On a des buffets *parlants*.

Quand on veut les fair' cesser
On n'a qu'à leu dire : Assez !...

(1) A l'instar des chevaux savants, en frappant du pied.

Cha suffît ; car aussitôt,
Y s'arrêt'nt et ne ditt'nt pus mot....

Ah mais! ch' dernier point me r'garde,
Et dès d'main j' vas l'l'essayer
Sus m' femm', qui toudis bavarde....
Pristi! que j' vas l'l'attrapper!...

Vous dit's, je l' vos dins vos yeux,
Qu'eun' table et m' femm' cha fait deux,
Qu'elle a bien pus d'intiêt'mint....
J'approuv' fort vot raisonn'mint.

Du moins si ch' malheur m'accable,
J' me r'ving'rai pa ch' trait nouviau :
« T'as l' tiêt', pus durte qu'eun' table,
Et moins d'esprit qu'un capiau! »

Mais j' cros que j' réussirai,
Car, inter nous, déjà j'ai
Fait des espérieince' aussi
Qui, franch'mint, ont réussi.

Vous allez dir': Ch'est eun' craque !
Comm' j'ador' les fins morciaux,
L'aut' fos, j'acate eun' couq'-baque
A l' biell cav' des *Quat'-Martiaux*.

Aussitôt que j' sus servi,
Je me rappell' tout chin qu' j'ai li.
Alors je m' dis: Ch'est-i vrai ?
Vite, essayons, je l' sarai....

D' mes mains j'intoure m'n assiette :
Au bout d'eune' heure à peu près,
Elle a fai' eun' pirouette
Et m' couq'-baque a queu dins l' grès.

In veyant ches résultats,
Tout l' monde a ri aux éclats,
On m'a dit: « T'es-t-un cola,
D' croire à tous ches bêtiss'-là !...

In v'là-t-i des incrédules ?
Heureus'mint j' m'ai consolé,

In pinsant qu' ch'est des avules
Qui ditt'nt qui n'y-a point de solei.

Au lieu d'êt' décoragé,
J'ai v'nu comme un inragé,
A n' point voloir passer l' jour
Sans r'quemincher un aut' tour.

J' cour' à m' *Société d' malates*
Composé' d' gins bien portants.
J' leu dis: « J' vas fair' des parates,
Et des jus réjouissants! »

Avec tous ches gais chochons,
Près d'eun' table nous s' plachons.
« Attintion! que j' dis, t'nez-vous
Incaînés pa l' main, tertous!... »

Au bout d'un quart-d'heure à peine,
Ell' tourne comme un molin....
J' li crie: arrêtez!... ell' claine,
Et puis.... elle s'arrête, infin.

« Mais p'tit' table ch' n'est point tout,
Nous volon' aller qu'au bout.
On va vous mette à l'essai,
Pour vous fair' dir' l'âch' que j'ai..., »

Comme eun' personn' naturelle,
Cheull table, avec sin pied d' bos,
A fai' eun' répons' fidèle,
In buquant juste trint' cops.

Mes chochons, poin' étonnés,
In riant m' ditt'nt à min nez :
« Tous tes tours ch'est point l' Pérou,
Si t'y cros t'est-t-un balou!... »

« Cheull' table, fort complaisante,
Qui t'as répondu si tôt,
Ch'étot tin cousin Zanzante,
Qui donnot des coqs d' chabot. »

Malgré l'avis d' ches sott's gins,
Puisque j' l'ai vu, je l' soutiens :

Awi, cheull table a tourné,
Détourné, clainé, *parlé!*...

Tiens! j'écrirai, pou m' fair' croire,
Un certificat marquant.
Afin qu'i viv' dins l'histoire,
Je l' sign'rai avec min sang!!!

CHOISSE ET THRINETTE.

PASQUILLE.

Au marqué d' Louche, un jour, Thrinette
Marchando' un painnier d'ongnons.
In l' veyant, eune aut' femm' s'arrête
Et, l' fixant d'puis les pieds qu'à l' tiête
Li di' à peu près ches raisons :
    « Bonjour Thrinette !....
In vérité, d'puis que j' te r'vette
    Avé t' toilette,
    Gross' badoulette,
    Je m' dis dins m' tiête :
    Es-ch' que ch'est fiête ?

T'as dès sorlets
Tout cliquant nués ;
Un écourcheu
D' femm' de monsieu ;
Eun' biell' caîn' d'or.....
Es-ch' que t'as trouvé un trésor?
Et puis, t'es rouv'laint' comme eun' rosse,
T'as de l' prestance, un air tout chosse.....
On dirot, ma parol' d'honneur,
Qu' t'es pus de l' paroiss' Saint-Sauveur!... »

THRINETTE.

Eh ben ! t'as mis l' nez d'sus, Françoisse.
N'y-à tros ans qu' j'ai quitté l' paroisse,
Et d'puis ch' temps là, je l' dis tout d' bon,
I s'a passé bien d' l'iau d'zous l' pont.

CHOISSE.

Es-ch' que t'as fai' eune héritance ?

THRINETTE.

Eh non ! ch'est point d' là qu'est v'nu m' chance.

CHOISSE.

T'as peut-êt' gagné l' gros lingot?

THRINETTE.

J'ai point mêm' gagné un craq'lot.

CHOISSE.

Alors, t'as vindu t'n âme au diable ?

THRINETTE.

Eh ben non, non ! point si coupable.
J'ai rincontré un bon quertien
Qui m'a dit : « Thrinette, j' n'ai rien....
Rien.... ch'est point l' mot : j'ai du corache
D' quoi faire un bon homme de ménache.
Si vous volez m' rind' bien heureux,
Consinté' à n' fair' qu'un d' nous deux,
Et, m' main sus m' conscieince, j' promets
Que d' la vie vous n' s'in r'pintirez.....

CHOISSE, *riant*.

Ah, ah, ah, ah ! mon Dieu, qu' ch'est drôle,
Un canarien din' eun' guéole !....,
Te veux m' fair' croir' qu'un ouverrier
Avé s' semain' peut t'habiller
　　　Comm' eun' duchesse ?
　　　Drol' de diablesse !....

THRINETTE, *en colère*.

Choiss', tin riache est insultant !..
Qu'eune aut' que ti m'in dije autant,

Foi d'Thrinette j' li donne eun' pronne !...
(S'appaisant).
Mais comm' t'es-t-eune ancienne camponne
    J' te pardonne.....

CHOISSE, *l'interrompant.*

T'as point besoin de m' pardonner,
Te f'ros gramint mieux de m' prouver
    Qu' chin qu' te m'avanche
    N'est poin' eun' *planche !*.
Car infin, j'ai un homme aussi...,
Tiens, j' vas t' mett' les points sur les i,
Pou t' fair' vir qu'avecque s' semaine
Nous vivons, mais ch' n'est point sans peine.

I gagne à ch't heur' sus l' pied d' douz' francs,
(I n'n avot qu'onz' n'y-à point longtemps).
J' prinds là-d'sus mes vingts sous d' toilière,
Vingt sous d' sorlets, vingt sous d' leumière,
    Trint' sous d' carbon,
    Dix sous d' savon;
V'là déjà chinq francs, tout compt' bon.
Nous mingeons deux d'mi liv's de burre,
    Ch'est vingt-siept sous;
Eun' mesur' de puns d' tierre à p'lure,
    Incor quinz' sous;

Trinte-et-eun' liv's de pain d' blazé,
  Quat' francs deux sous ;
Quatorz' demi-onch's de café,
  Quatorze sous,
Et d' mes douz' francs, reste deux sous.
Deux sous !.... pour avoir des tablettes,
Thim, laurier, poivre et sé, lavettes,
  Bleu, amidon,
  Potass', ramon......
Car i faut d' tout din' un ménache.
J' n'ai point compté vingt sous d' louache,
Ni l' barb' de m'n homm', ni sin toubac,
Ni s' société, ni sin cognac
De Saint-Sauveur..... Comm' mi, Thrinette,
Te sais qu' quand il arrive eun' fiête
On n' peut point rester à s' mason
Sans dépinser un picaïon......
Te vos donc, qu' si ch' n'est qu' j'ai l' ressource
Quand nous somm's réduit' à l' plat'-bourse,
De dir' *savez* au boulinger
  Et au graissier,
J' n' poros jamais m'in r'tirer.

THRINETTE.

Choiss' te carcul' comme un notaire.
D'après l' compt' que te viens de m' faire,

Tout l' monde approuv'rot tes raisons;
Mi, j' vas t' fair' des observations :
D'abord, t'as parlé de l' semaine
De tin daron, mais point de l' tienne.....

CHOISSE.

M' semaine, à mi? fameux bébet!
Peut-on compter sus du dint'let?
On jur'rot qu' te r'viens d' l'auter monde,
Car, à vingt lieues d' Lille à la ronde,
On sait qu' ch'est un métier perdu;
Je n' gagn' mie seul'mint pou min snu!

THRINETTE.

J' veux bien t' croir', mais pou t' tirer d' peine
L' pauverieu t'as mi' *à l' quinzaine,*
Ch'est déjà un bon p'tit soula.....

CHOISSE.

Tiens, tiens, Thrinett' te m' fais du ma
    D' parler comm' cha.
N'y a-t-i point d' quoi bourrer s' bedaine
Avec un pauv' pain par semaine?
Sus l's aut's paroiss's cha va incor :
On a tas in temp' un *gros-mort*
Qui vous laiche un p'tit héritache :
Du pain, du burre et du fromache,
Comm' dit l' canchon, à la bonne heur!

I n'n est point d' mêm' sus Saint-Sauveur :
S'il arriv' queq'fos qu'un brave homme
Laich' pour les pauvre' eun' certain' somme,
A l' distribution nous somm's tant,
Qu'un verr' de schnich dins l' Grand-Tournant
F'rot pus d'effet dins cheull rivière,
Qu' chin qu'on nous donn', sus not misère.....

THRINETTE.

Eh ben merci des complimints !
Mais te n' dis rien d' tous ches jeun's gins
Qui, sans craint' de s' rind' bien malates,
Ont fait des si biell's cavalcates,
Et des pourca' à tin profit,
Afin de t' procurer un lit !....
Tiens Choisse, j' te parle sans rire,
Ch'est avec raison qu'on peut dire :
« Qui fait du bien à-n-un vilain
Est sûr qu'i li crach'ra dins s' main. »

CHOISSE.

Allons n' te mets poin' in colère,
S'i l' faut même, j' consin' à m' taire,
A condition qu' te m'apprindras
Comm' te t'as tirée d'imbarras,
Et j' tach'rai d' m'imbarquer sus t' route.
Allons veyons, parle ! j' t'acoute.

A peine ell' finichot ch' récit,
Qu'un vieux chav'tier s'approche et dit,
In leu présintant des cayères :
« J'ai pinsé, biell's petit's commères,
Que d'puis si longtemps qu' vous êt's là
A bavarder à la papa,
      Vous d'vé' êt's lasses.
Ch'est pourquoi que j' viens vous offrir
Ches deux cayèr's pour vous assir.....
      Quoi !.... des grimaces
Pour me r'mercier ? vous êt's cocasses,
In vérité ! car, là, franch'mint,
J' comptos sur ùn p'tit r'mercîmint !... »

Ch'est p'tit's femm's veyant qu'on rit d'eusses,
Aussitôt d' colèr' vienn' tout bleusses.
Choiss' s'approchant du vieux chav'tier,
Li dit : « Te veux nous faire aller,
      Viell' cruche !
      Imborgneux d' puche !
T'aros mieux fait, va, j' tin réponds,
D' continuer d' cloer tes talons,
Car, puisque te m' déclar' la guerre,
J' vas t'arringer de l' bonn' manière ;
Te verras si j'ai *tous mes dints.* »
Alors, s'adresser à les gins

Rassemblés pour vir cheull biell' scène,
V'là qu'ell' débit' tout d'eune haleine
Des mots..... à fair' drécher les ch'veux
Sus l' tiêt'. Ell' l'a traité d' taingneux,
  D' plat gueux,
  D'escogriffe ;
  Sans cœur,
  Voleur,
  Tiête à giffe ;
  Capon,
  Poltron,
  Platellette ;
  Nigaud,
  Salot,
  Et mazette ;
Infin, comme é n' trouvot pus rien,
Ell' li-a dit : MATHÉMATICIEN !!!....
In intindant cheull drol' d'insulte,
I s'a fait, d' rire, un tel tumulte,
Que l' chav'tier, honteu' et réhu,
S'a sauvé comme un quien perdu.....

Choiss', fière d' rimporter l' victoire,
Di' à Thrinette : « Allons, viens boire
Eun' goutte pour rassurer min cœur,
Et fair' passer m' méchante humeur. »

Comm' dit fut fait : cheull gaie commère
N'avot point mêm' vidié sin verre,
Qu'elle avot déjà r'pris l' dessus.
« Thrinett', qu'ell' dit, tiens n' pinsons pus
   A cheull viell' coinne,
   T'as r'pris t'n haleine !
Ainsi, te peux, sans pus tarder,
M' dir' tout chin qu' t' allos m' raconter
   Sus tin ménache.
   Va, j' s'rai ben ache,
Si te peux m'indiquer l' moyen,
D' faire eun' séquoi avecque rien. »

THRINETTE.

Mon Dieu, Choiss', je n' sus point sorcière,
Tout chin que j' fais, te poros l' faire,
Si te savos mette in action
Tout l' vérité du vieux dicton,
Qui dit : *Au jus d' mamzell' Charlotte,*
Ch'est l' pus malin qui attrapp' l'aute.

CHOISSE.

Bien débuté, mais te n' dis point
Quoich' que t' intinds pa l' mot malin !....

THRINETTE.

L' malin, ch'est ch' ti qui remplit s' poche
Quand l's aute' ont vidié leus goussets ;

Ch'est ch'ti qui varoule in caroche
In esclaboussant l' va-nu-pieds ;
Ch'est ch'ti qui ming' de l' confiture,
Des p'tits poulets et bot du vin,
Quand les aute' ont pour norriture,
Des puns d' tierr' malate' et du pain.

CHOISSE.

In vérité te m' f'ros bien rire,
Car t'as tout l'air d'un avocat
Qui parle eune heur' pour ne rien dire.
Arrive au fait!....

THRINETTE.

   Allons, m'y v'là.
J' t'ai dit que j' m'ai mi' in ménache,
Avec un homm' rimpli d' corache.
In mêm' temps, il a tant d'instincts,
Qu'i fait tout chin qu'i veut d' ses mains.
Dins l' temps, in r'venant de s'n ouvrache,
I rapportot du partissache ;
Il él'vot des quiens, des ojeaux,
Pour les vinde à des prix fort hauts ;
I raccomodot des pindules ;
Faijot des vierges, des hercules,
  Avec des ch'veux ;
I sait la plume : et les fillettes

V'nottent li faire écrir' des lettes
    Pou d's amoureux......
Si bien qu'infin, au bout d'un an
Nous avîm's tros chints francs comptant.
Mais pour gagner eun' parell' somme,
Queu ma qu' s'a donné min pauvre homme!....
    passot les tros quarts des nuits,
Cha n' m'allot point... eun' fos j' li dis :
« Paul, comm' ti j' vodros bien v'nir riche,
Trop longtemps j' n'ai eu qu'eun' quemiche
Que j' lavos les sam'di' au soir,
Pour n'avoir point dins l' cœur ch'l espoir.
Mais j' veux te l' dir', quoique i m'in coûte,
J' cros vraimint qu' t'es point sus l' bonn' route....
Si te continu' de ch' train là,
Un certain jour, on s'in ira
A l' chim'tière infouir tes oches....
Mi, j' me r'tourn'rai, mais tes mioches
    Quoich' qu'i d'viendront?
Hélas! ches p'tits infans n'aront
Qu'un av'nir de peine et de misère
Et leus pauv's petits yeux pou braire....
Au lieu qu' si te veux m'acouter,
Cha march'ra comm' sur des roulettes;
Tant pus qu' les aute' aront des dettes,
Tant pus qu' nous poron' impocher.... »

Là-d'sus, Paul a l'vé ses épaules
In m' dijant : « Te m'in dis des drôles !
Pourtant, veyons vir tin moyen. »
« Mon Dieu, ch'est simple comme rien :
Quand nous sarons quequ'un à l'gêne,
Nous offrirons d' li faire un prêt,
A condition d' rind' *par semaine*,
Un sou par franc pour l'intérêt.... »
M'n homme a fort bien compris l'affaire,
I m'a dit : « Ch'est bien, t'as qu'à faire
      Comm' te l'l'intinds. »
De ch' jour mêm', j'ai trouvé des gins,
Qui sont v'nus m' donner leus pratiques.
Queu biau métier !... point d' frais d' boutiques,
Point d' drots d' patinte... et des profits !....
Te n' me croiras point si j' te dis
Qu' trint' francs, qu' j'ai prêté' à un homme,
      M'ont rapporté tros fos
      Cheull' somme,
      Tout d'puis neuf mos !....
Ch'est pourtant vrai. Tiens, l'auter fos
Un garchon m' dit : « J' sus dins l' détresse :
Ch'est après-demain l' fiêt' de m' maîtresse,
Et j' n'ai point d' doup's pour l' bistoquer.
Avec elle i n' faut point craquer.
Si je n' li donn' qu'eun pair' de fouffes,
Pour sûr ell' me donn'ra mes mouffes.

Pinsez Thrinett' queu déshonneur !
Ah ! je m' brûl'rai l' cervelle au cœur,
Si vous n' me donnez point tout d' suite,
D' quoi li-offrir comme ell' le mérite,
Eun' pair' de biell' *dormeusses* in or ! »
— « Mais t' as des manièr's de milord,
Que j' li réponds, quoi des *dormeuses!*
Te fréquent's donc des rattacheusses ?....
N'y-a qu'euss' pour savoir dégourdir,
Un homm' qui veut les indormir !...
Mais t'as point réfléchi, sans doute,
Combien qu'un parel présint coûte ?
Si j' te fournis d' quoi l'acater,
Quoi-ch' que te f'ras pour t'acquitter ?
Car ch'est pus simple à dir' qu'à faire.... »
— « Thrinett' j'ai d' quoi vous satisfaire :
Vous savez que j'ai fai' un congé
Dans les *Zéphirs*; par bonheur, j'ai
Pour récompinser min mérite,
Un certificat d' bonn' conduite,
Avec eune *épinglett' d'honneur.*
Je n' donn'ros point, j' vous l' dit d' bon cœur,
Ches séquois là pour un impire ;
Eh ben ! preuv' que j' veux point m' dédire
De not marqué, j' vas, d' vant témoins,
Aujourd'hui les r'mett' dins vos mains,

Pou m' les rind' sitôt que j' s'rai quitte..... »

J' li ai donné ses doup's bien vite,
Pinsant bien qu'un parel garant,
Est sûr comme d' l'argint comptant.

Et v'la comme avec min commerce,
Que d'puis deux ans seul'mint j'exerce,
Nous éparaignons des écus,
Comme un certain nommé Crésus,
Qu' je n' connos point. J'ai l'espérance,
Si pindant dije ans j'ai l' mêm' chance,
D' pouvoir, avé m'n homm', me r'tirer
Din' eun' petit' mason d' rintier,
Et d'y viv' comm' des coq' in pâte.
L' dimanch', nous iron' à l' prom'nate,
Nippés, comm' des vrais muscadins,
Avec les habits les pus fins!....
J' cros déjà vir sus min passache,
L' mond' s'arrêter pour nous fair' plache,
Et nous dir' d'un air d'imbarras :
Monsieu! Madam'! pus haut que l' bras.
Te sais qu' ch'est ainsi qu' cha s' pratique....

CHOISSE.

« Tais-toi', car te m' donn's la colique....

Et j' perds patieince à t'acouter!....
Te cros donc qu'on va t'admirer
Pour avoir volé l' pauver monde?
Va, va, t'n éreur est bien profonde,
Comm' dit certain prédicateur.
Tant qu'i rest'ra des homm's de cœur
I t' mépris'ront comme eun' chavate.
Et mi j' te dis : « T'es-t-eune ingrate,
Puisque tin cœur est sans pitié,
J' te r'tir' pour toudis m'n amitié,
Et j' te définds, si te m' rinconte,
De m' dir' bonjour, car cha m' f'rot honte!.... »

N' s'attindant poin' à cheull leçon,
Thrinette a resté court, tout d' bon;
Elle a laiché partir Françoisse
Sans dire à r'voir; puis, cheull grivoisse
A l'vé l' camp d'un air résolu,
In roucoulant che r'frain connu :
J'en ris, j'en ris, tant je suis bonne Fille!....

Et mi, veyant tout cha fini,
Dins l' mêm' moumint, j'ai pris l' parti
D'aller composer cheull pasquille.

MANICOUR.

Air nouveau par l'auteur des paroles.

Manicour est l' biau garchon qu'] j'aime.
    Ch'est point sans raisons,
    Allez ! j'in réponds.
Il a l' voiss' pus douch' que de l' crême,
    Des yeux terluijants,
    Comm' des viers-luijants.
    Quand i veut s' mêler
    D' les fair' briller
    Sur cheuss' d'eun' femme,
    Ch'est comme un fichau (1)
    Qui fournaque un ojeau...

Fill' qui n'a point connu l'amour,
Ch'est qu'ell' n'a point vu Manicour.
    L'amour, l'amour
    D'rot s'app'ler Manicour !

(1) Fouine.

Manicour a d' l'esprit comm' quate.
    I fait tous les jours
    Trint'-six calembourgs ;
In d'visant, i donn' des cops d' patte
    Si bien appliqués,
    Qu'on n' peut répliquer ,
    I fait des couplets,
    Uch' que *gob'lets*
    Rime avec *jatte ;*
    Ses r'frains son pleins d' *Tra*
    La la ! La youp ! La la !

Manicour est fort sur la danse.
    Ch'est plaisi de l' vir
    Fair' des pas d' zéphyr,
Des interchats pleins d'élégance ,
    Des ail's de pigeon,
    Des sauts qu'au plafond !
    Quand je l' vos s' lancer,
    Je m' sins bronser.
    Malgré s'n aisance,
    J' crains bien qu' tôt ou tard,
    I s' cass' lés fis d'acar !...

Manicour connot la musique.
    I jue du piston,

Cant' comme un pinchon.
I veut fair' mieux, car i s'applique
    A povoir canter
    Et s'accompagner.
    S'i peut parvenir
    A réussir,
    Cha s'ra comique,
    D'intint' sin piston,
    In mêm' temps que s'canchon....

Manicour, qui connot l'histoire,
    Vous ramintuvra,
    Tout chin qu'on vodra.
I vous suffira d' li fair' boire
    Un simple *canon*,
    Pour qu'i trouve au fond :
    Qu' *les Rois*, *l' Parjuré*,
    L' Rœtare,
    Vienn't avant *la Foire*;
    Et l' *Saint-Nicolas*
    Bien après *l' Mardi-Gras*.

Manicour avé s'n air cocasse,
    Et ses tours si biaux,
    F'rot rir' des caillos.
I saute, i dans' comme un payasse;

I fait des timblets,
Et des badoulets;
Il imite l' quien,
L' cat, l' canarien,
L' merle et l' bécasse;
Quand i fait l' baudet,
On crot vraimint qu'il l'est....

V'là quasimint l' portrait de ch'drille.
    Par dessus tout cha,
    On peut dir' qu'il a
L' cœur d'un lion, les traits d'eun' jeun' fille,
    L' prestanc' d'un soldat,
    L' japp' d'un avocat.
    Courez, parcourez,
    Si vous trouvez
    Dins l' vill' de Lille
    Un homm' si parfait,
    J' vous pairai du café!...

Fill' qui n'a point connu l'amour,
Ch'est qu'ell' n'a point vu Manicour.
    L'amour, l'amour
    D'rot s'app'ler Manicour !

CROQSORIS.

Air nouveau par l'auteur des paroles.

J'avos mis m'n amour sur eun' biête.
Un cat qu' j'appélos Croqsoris.
Il étot pus rar' qu'eun' comète,
Avé s' gross' queue et ses poils gris....
Mais des brigands d' min voisinache,
A les Rois, volant fair' festin,
Ont pris cheull pauver biête au liache,
Pou l' minger in guiss' de lapin.....

Ches capenoul' ont tordu l' cou
    D' min biau matou,
    D' min gros minou,
Qui faijot si bien mi-a-ou !
    Mi-a-ou !!!

Et quand il on' eu commis ch' crime,
Ches vrais vauriens, ches gins sans cœur
Sont v'nus m' vir, et m' dir', pour la frime :
« Brav' femm' nous plaignons vot malheur. »

Sus l' temps que j' perdos m' voisse à braire,
Il' ont pindu à min rideau,
Comme un graingnard d'apothicaire,
L' tiêt' de min cat, par sin musiau.

Ches capenoul' ont tordu l' cou
    D' min biau matou,
    D' min gros minou,
Qui faijot si bien mi-a-ou!
      Mi-a-ou!!!

Veyant dins cheull vilain' posture,
L' restant d' Croqsoris, qu' j'aimos tant,
J'ai poussé un triste murmure,
Au point d'arrêter chaq' passant.
J'ai pris dins mes mains cheull pauv' tiête,
Je l' l'ai bajé' comm' du bon pain,
Et, pou l' conserver, j' l'ai fait mette
Din' un grand bocal d'esprit d' vin....

Queu malheur, on a tordu l' cou
    D' min biau matou,
    D' min gros minou,
Qui faijot si bien mi-a-ou!
      Mi-a-ou!!!

Croqsoris faijot mes délices,
Par tous les p'tits tours qui m' juot,

Il avot des drôl's de caprices :
Quand j'avos de l' viande, i l' volot;
Si par hazard j'oblios d' mette
Eun' couverture à min pot d' lait,
J'étos bien sûr' que ch' petit traîte
S'in irot bien vit' l'avaler.

Queu malheur on a tordu l' cou
    D' min biau matou
    D' min gros minou,
Qui faijot si bien mi-a-ou!
      Mi-a-ou!!!

Comme il aimot les friandisses,
J' li faijos minger à tous r'pas,
Du fi', du pomon, des saucisses,
De l' panchette et d' l'andoull' de q'vas !...
Chaq' jour, infin, ch' étot ducasse,
Je n' savos qu' fair' pou l' régaler.
Quand l' matin j' buvos m' *petit' tasse*,
J' li donnos m' tablette à chucher....

Queu malheur, on a tordu l' cou
    D' min biau matou,
    D' min gros minou,
Qui faijot si bien mi-a-ou!
      Mi-a-ou!!!

Pour li j'avos l' cœur d' eun' bonn' mère :
Quand il étot bien ingavé,
Je l' vettios, et j'étos tout' fière
D' vir que s'panch' ramonnot l' pavé....
Heureux comme un petit coq in pâte,
I n'étot pourtant point contint,
Car, un jour, in juant de l' patte,
Il a croqué min canarien.....

Queu malheur on a tordu l' cou
  D' min biau matou,
  D' min gros minou,
Qui faijot si bien mi-a-ou !
   Mi-a-ou !!!

Malgré ses p'tits défauts, j' vous jure
Que j' donn'ros gros pour mi l' ravoir....
J' vodros qu'on punich' de l' torture,
Cheuss'-là qui faitt'nt min désespoir !
J' vodros les vir, din' eun' guéole,
Pindant tros heure' au pilori,
Et leu marquer sus chaque épaule,
Ches mots, avec un fier rougi :

« Ches capenoul' ont tordu le cou
  D' min biau matou,
  D' min gros minou,
Qui faijot si bien mi-a-ou !
   Mi-a-ou !!! »

LES PRÉDICTIONS DE M'N ARMENA.

Air nouveau de l'Auteur.

Un armena sans prédictions,
Ch'est un mac-avul' sans leunettes ;
Ch'est un lapin cuit sans angnons,
Et des vieill' gra-mèr' sans crochettes.
   Et v'là ! et v'là
Les prédictions de m'n armena :

Au mos d' janvier i gèl'ra dru :
Chaque noquère ara s' candéliette,
On aim'ra mieu' un air de fu
Que l' pus bielle air de clarinette.
   Et v'là ! et v'là
Les prédictions de m'n armena !

Féverier, qu'on appell' *court-mos*,
Nous donn'ra queq' jours de carême :

On verra dins gramint d'indrots
Minger pus d' lait-battu que d' crême....
   Et v'là ! et v'là
Les prédictions de m'n armena.

Mars ara des fameux gruos :
Aussi je n' crains point d' vous prédire,
Qu'in veyant vos sorlé' à tros,
Tous les cordonniers pouff'ront d' rire...
   Et v'là ! et v'là
Les prédictions de m'n armena.

Au premier d'avril, on verra
Des balous courir à l' moutarde,
Et ch'l amus'mint réjouira
Pindant tous l' mos pus d'eun' bavarde.
   Et v'là ! et v'là
Les prédictions de m'n armena.

Avecque l' mos d' mai, arriv'ront
Biell's fleurs, vertes feulle' et rosées.
Alors aussi, des fleurs pouss'ront,
Qui n'ont point b'soin d'ête arrousées.
   Et v'là ! et v'là
Les prédictions de m'n armena !

Gramint d'amoureux dins l' mos d' juin,
Tout joyeux vont fair' des mariaches.
Heureux queq' jours…. Un biau matin
L' broulle arriv'ra dins leus ménaches.…
   Et v'là ! et v'là
Les prédictions de m'n armena.

Du mos d' julliet, l' forte caleur
F'ra rire un marchand d'iau-poète,
Qui donn'ra des *cann'sons d'honneur*
A cheuss' qui piq'ront l' mieu' eun' tiête….
   Et v'là ! et v'là
Les prédictions de m'n armena.

L'août fournira gramint d' blé.
Aussi combien d' gins nous répètent
Qu'on ming'ra du pain bon marqué….
Si les grands marchands d' grains l' permettent.
   Et v'là ! et v'là
Les prédictions de m'n armena.

Tout septembre nous apport'ra
Bien d' l'agrémint, vous povez m' croire,
Puisque dins ch' mos, chacun goût'ra
Les plaisis qu' peut donner la Foire.

Et v'là ! et v'là
Les prédictions de m'n armena.

In octobre arriv'ra, mes gins,
L' fiêt' *Saint-Crépin*, l' temps des marées ;
Les cordonniers ming'ront d's hérings,
Avec des bonn's gross's couq'-chucrées....
  Et v'là ! et v'là
Les prédictions de m'n armena.

Novembre est un mos bien fameux,
Mais qui, malheureus'mint, nous ruine.
Aussi vous verrez d's amoureux
S' brouiller pou l' fiêt' de Sainte-Catherine....
  Et v'là ! et v'là
Les prédictions de m'n armena.

Infin, triste et frod comme un mort,
Arriv'ra l' dernier mos : décembre.
Plaît à Dieu, qu' pour nous rire incor
J'invint'rai des r'frains dins m' vieill' cambre.
  Et v'là ! et v'là
Les prédictions de m'n armena.

       15 Août 1854.

NICOLAS

ou

LE BAISER VOLÉ.

Air: Du Curé de Pomponne.

Nicola' est un d' ches garchons,
Qui, quand i vott'nt eun' fille,
D'puis les ch'veux, jusqu'à les talons
Tout leu corp' in fertille.....
Par malheur i n'-y-a des tendrons
Rimplis d' vertu.... dins l' tiête.
   — Ah! te t'in souviendras,
      Nicolas!
  D'avoir bajé Thrinette.

Thrinette, intre l'né et le minton
Ayant r'chu eun' babache,
Au lieu d' rire avecque ch' luron,
Ell' rougit, ell' se fâche;

Ell' prind sin chabot pa l' talon,
D' Nicolas, ell' find l' tiête.....
— Ah ! te t'in souviendras,
Nicolas !
D'avoir bajé Thrinette.

Pa ch' cop d' chabot, abasourdi,
Veyant trint'-six candelles,
Nicola' ouvre se bouque et dit :
« Fill' ! t'aras d' mes nouvelles !
Dès d'main tous les gins du Réduit
Saront qu' t'es-t'eun' grippette. »
— Ah ! te t'in souviendras,
Nicolas !
D'avoir bajé Thrinette.

Ell' li répond : « Dis chin qu' te veux,
Je m' ris d' tes bavardaches.
Pour m'imbrasser, j'ai m'n amoureux,
Un gaillard à moustaches.
Au lieu qu' ti, t'es-t-un p'tit morveux
Sec comme eune alleumette.....
— Ah ! te t'in souviendras,
Nicolas !
D'avoir bajé Thrinette.

L' moustafia, l' superbe amoureux,
Arrive, et s' mé' in garde ;
Nicolas, n' fait ni eun' ni deux,
I li flanque eune œuillarde.....
Mais li-même a eu l' tour des yeux
Noir comme l' cœur d'un traite....
— Ah ! te t'in souviendras,
    Nicolas !
D'avoir bajé Thrinette.

L' maîtresse de Nicolas, Mad'lon,
Accourt. Les deux maîtresses
S'impoign't aussitôt pa l' chignon ;
Thrinett' quet sus ses f....
Mad'lon, profitant l'occasion,
Li donn' pus d'eun' cliquette....
— Ah ! te t'in souviendras,
    Nicolas !
D'avoir bajé Thrinette.

Tout l' mond' criot : « Hardi ! Mad'lon ! »
Par malheur, la police
Est v'nu', sans fair' gramint d' façon,
Mett' fin à ch'l exercice,

In m'nant les acteur' au violon,
Sans tambour ni trompette....
— Ah ! te t'in souviendras,
Nicolas !
D'avoir bajé Thrinette.

Nicolas n' conserve aucun r'gret
D' cheull cocasse avinture,
A r'quemincher, même, il est prêt,
Sur une jolie figure.
Pourtant souvint, au cabaret,
Près d' li chacun répète :
« Ah ! te t'in souviendras,
Nicolas !
D'avoir bajé Thrinette. »

Février 1854.

L'CANCHON-THRINETTE

ET

L'IMP'REUR DE RUSSIE.

Air: Du Curé de Pomponne.

Sur *Nicolas*, j'ai composé
Eun' canchon drôlatique.
Grâce à ch' *nom*, vite on a pinsé
Qu' ch'étot de l' politique.
Che refrain tout l' monde a répété,
In cangeant pus d'eun' lette :
  « *Ah ! te t'in souviendras,*
    Nicolas !
  D'avoir bajé Thrinette. »

Nos conscrits, contints dins leu *sort*,
Ont dit l' *Canchon-Thrinette*.
Veyant cha, l'écrivain du Nord (1),
L'a mis dins s' grand' gazette....

(1) Voir le *Nord* et la *Liberté* des 4, 9 et 11 mars 1854.

La Liberté, faijant pus fort,
A *marié* cheull' fillette :
 « Ah ! te l'in souviendras,
  Nicolas !
 D'avoir MARIÉ Thrinette. »

Ch'est alors qu'un journal d'Evreux
A dit (nous d'vons bien l'croire),
Que des jeunes conscrits tout joyeux
D'courir à la victoire,
Cantott'nt che r'frain fort guerroyeux
In vidiant pus d'eun' chope :
 « Ah ! tu t'en souviendras,
  Nicolas !
 Du combat de Sinope. »

Pus tard, Monsieu E.-C. Piton,
Fort connu comm' poète (1),
A volu faire aussi s' canchon
Sus l' bielle air de Thrinette ;
Mais, parlant l' langache du grand ton,

---

(1) M. E.-C. Piton, l'auteur de la chanson intitulée : *Les Gardes de la Porte*, était, il y a une vingtaine d'années, l'un des chansonniers chéris des goguettes parisiennes ; le refrain suivant d'une de ses chansons bachiques est resté populaire :

Verse à boire, où je vais mourir !

A fait sin r'frain d' cheull' sorte :
« *Non, tu n'entreras pas ;*
Nicolas !
Tant qu' nous gard'rons la Porte. »

Puisque *Thrinette* a fait sin qu'min,
J'vas parler d' la Russie.
Sans pu tarder, je m' met' in train
D' composer m' létanie.
Comme les aut's, pour canger min refrain
I n' me faut qu'eun' minute :
« *Ah ! te t'in souviendras,*
Nicolas !
D'avoir caché dispute. »

Rien qu'à ch'nom d' Nicolas, d'ailleur',
Je m' sins v'nir in colère ;
Et j' sus contint, parol' d'honneur,
Qu'on va li fair' la guerre.
J'espère que nous arons l' bonheur,
De l' faire danser sans flûte.
 Ah ! te t'in souviendras,
  Nicolas !
 D'avoir caché dispute.

In y pinsant, t'nez, min sang boût,
J' vodros t'nir un Cosaque;
Je l' rétindros, par un atout,
Plat comme eun'. vrai' couq-baque;
Vrai, d'un bout du monde, à l'aut' bout,
On parl'rot de s' culbute....
   Ah ! te t'in souviendras,
      Nicolas !
   D'avoir caché dispute.

Nicolas s' crot des pus malins,
I n' veut fair' qu'eun' conquête :
Invoyer juer tous les souv'rains,
Et du monde rester l' maîte....
Mais j' cros bien qu' tous nos brav's marins
L' front rintrer dins s' cahutte.
   Ah ! te t'in souviendras,
      Nicolas !
   D'avoir caché dispute.

Mars 1854

LE CABARET.

Air nouveau de l'auteur.

Ch'est au cabaret,
   Que l' tristesse,
   Viell' tigresse,
  Sitôt disparaît....
  Vive l' cabaret !

On a canté *la Foire*,
L' *Brad'rî*, l' *Canchon-Dormoire*,
Un p'tit pochon à boire,
Et *L'Vieux Ménétrier*.
On nous a cassé l' tiête
Avè l' *Canchon-Thrinette;*
J' veux qu'à ch't heure on répète
Che r'frain à plein gosier :
   Ch'est au cabaret, etc.

Ch' vieux grand-père à leunettes,
S'in va lir' les gazettes.
I n' pass'ra point tros lettes,

Point même un quien perdu....
Non seul'mint cha l'l'amuse,
Mais v'là surtout s'n escuse :
Ch'est qu' sus ch' temps-là, i n'use
Ni s' candelle, ni sin fu....

  Ch'est au cabaret, etc.

Vettiez ches jueux d' carte :
Ch'ti qui busi, écarte.
On dirot Bonaparte,
Au bivac d'Austerlitz.
I perd la tramontane....
L'aut' l'infonce et s' pavane.
Et pourtant, chin qu'i gagne
Ch'est pour mett' zous l' tapis.

  Ch'est au cabaret, etc.

Vettiez cheull fill' proprette,
Avé s' bai' d' cazinette,
Sin capot d' cotonnette,
Et des biaux noirs chabots.
Ell' paraît faite au moule.
Pour plaire à cheull biell' poule,
Pus d'un garchon roucoule.....
Ch'est pir' qu'un combat d' coqs.

  Ch'est au cabaret, etc.

Ch'l homm' qui paraît bénache,
A fait bis à s'n ouvrache.
S' femme arriv' tout in rache
Pou l' traiter d' grand capon.
I li fait boir' de l' bière;
Sitôt cheull mach' commère,
Obliant s' grand' colère,
Vient douch' comme un mouton.

  Ch'est au cabaret, etc.

Quoiq' d'eun' richess' postiche,
Là, l'ouvérier s' crot riche,
Car i four' dins leu niche
Les tourmints, les tracas ;
Quand il a bu de l' bière,
S'i pai', l' cabarétière,
Li dira, pour li plaire,
Monsieu pus haut que l' bras.

  Ch'est au cabaret,
   Que l' tristesse,
    Viell' tigresse,
   Sitôt disparaît...
  Vive l' cabaret !

LA VIEILLE DENTELLIÈRE.

SOUVENIRS ET REGRETS.

Air nouveau de l'auteur.

Mad'lon, l' doyenn' des dintellières,
L'aut' jour, in r'muant ses broq'lets,
Parlot d' ses joie' et d' ses misères
A pus d' vingt jeun's gins rassemblés.
  Ell' récomparot les jours
    De s' vieillesse,
  Au pus biau temps des amours
    De s' jeunesse ;
  Ell' rappélot ses plaisis,
  Ses chagrins, ses soucis,
  Et répétot toudis :

« Pour éloigner cheull vielle histoire
    De m' mémoire,
    Trottez ! trottez !
    Mes p'tits broq'lets,
    Trottez ! trottez ! »

« A quinze ans j'étos joliette,
On m' répétot vingt fos par jour :
— Mon Dieu, Mad'lon, qu' vous èt's bien faite !
Vous avez tous les traits d' l'amour.
 Et quand on vous vot marcher,
   J' vous assure
 Qu'on n' peut cesser d'admirer
   Vot tournure :
Vous èt's comme un *postillon*,
Qui trottin' tout au long
De l' fichell' d'un dragon....

 « Pour éloigner cheull vielle histoire
   De m' mémoire,
   Trottez ! trottez !
   Mes p'tits broq'lets,
   Trottez ! trottez ! »

— Vous avez l' voiss' d'eune alouette.
Quand vous cantez, quand vous parlez,
On crot d'intinde eun' clarinette
Qui ju' l'air des pus biaux couplets.
 Dins vos yeux noir' et brillants
   On s' pourmire ;
 Vos orell's garni's d' pindants
   On admire ;
Et l' moindre d' vos amoureux,

Pour eun' mêche d' vos ch'veux
Donn'ro' eun' gambe ou deux.

« Pour éloigner cheull vielle histoire
De m' mémoire,
Trottez ! trottez !
Mes p'tits broq'lets,
Trottez ! trottez ! »

« Ch'étot l' bon temps des dintellières,
On gangnot d' l'argint à ruffler.
Aussi, j' n'avos point des berlières
Comme à ch't heur', pour mi m'habiller.
J'avos des grands farbalas
Les dimanches;
Des biaux p'tits lis'rets lilas
Sus mes manches;
Des *faveur'* à mes sorlets,
Cocarde' à mes bonnets,
Des bas d' soie à mes pieds. »

« Pour éloigner cheull vielle histoire
De m' mémoire,
Trottez ! trottez !
Mes p'tits broq'lets,
Trottez ! rottez ! »

« A vingt ans j' m'ai mi' in ménache
Avec un homm' biau comme un cœur.
Aussi j' peux dir' que not mariache
A mis tout l' canton in ameur.
 Nous avons fait nos quinz' tours
  In caroche ;
Et pindant pus d' huit grands jours,
  In bamboche,
Dins Lille et dans les fourbougs,
On n' rincont'rot pus qu' nous
Marchant bras d'sus, bras d'sous. »

« Pour éloigner cheull vielle histoire
  De m' mémoire,
  Trottez ! trottez !
  Mes p'tits broq'lets,
  Trottez ! trottez ! »

« Mais par malheur, j'ai resté veufe
Avec tros infants sur mes bras.
Mon Dieu ! mon Dieu ! queull triste épreufe !
Pus d' plaisi, gramint d'embarras :
 Min vieux garchon d'puis longtemps
  Fait l' penoule ;
 M' fill', qui n'a point dije-huit ans,
  Ell' fait l' droule ;
Hélas ! et l'aut' garchon qu' j'ai

Volant faire un congé
L'aut' fos s'est ingagé. »

« Pour éloigner cheull triste histoire
De m' mémoire,
Trottez ! trottez !
Mes p'tits broq'lets,
Trottez ! trottez ! »

« Me v'là donc vielle et presque infirme,
N' gangnant pus d' quoi minger du pain.
Heureus'mint, l' pauverieu m'affirme
Qu'on m'attind au Bleu-Tot dès d'main.
Quand j'arai là, mes habits
D' cotonnette,
On rira bien d' mi, si j' dis
Qu' jeun' fillette,
Pour mieux fair' mes imbarras,
J' portos des farbalas
Et d's écourcheux d' taff'tas. »

« Pour éloigner cheull vielle histoire
De m' mémoire,
Trottez ! trottez !
Mes p'tits broq'lets,
Trottez ! trottez ! »

HEUR ET MALHEUR

ou

L' DUCASSE DE SAINT-SAUVEUR.

Air : d'ons un curé patriote ou de l'Almanach de poche.

On dit qu' *la vie a des charmes.*
J' ajoute : elle a des tourmints,
Puisque nous versons des larmes
D' joie et d' peine à tous moumints.
Pour comprint' chin que j' dis là,
Acoutez le r'frain que v'là :

« Queu bonheur !
Queu malheur !
A l' ducass' de Saint-Sauveur
J'ai ri d' bon cœur !
J'ai brait d' bon cœur ! »

Quand, pour annoncer cheull fiête,
On a sonné les tritrons,
Tout l' mond' canto' à tue-tiête :

« *Du gambon, nous in ming'rons !* »
Alors, pinsant qu'à m' mason
N'y-avot poin' un picaïon....
  Queu malheur !
  Queu malheur !
A l' ducass' de Saint-Sauveur
 J'ai brait d' bon cœur !
 J'ai brait d' bon cœur !

Mais l' lind'main, à cheull ducasse,
J' rincont' Catherin' Réjoui.
J' li fai' eun' risé' cocasse ;
J' li d'mand' qu'ell' vienne avec mi...
V'là s' réponse, ou à peu près :
« J'ai v'nu drot-chi tout esprès. »
  Queu bonheur !
  Queu bonheur !
A l' ducass' de Saint-Sauveur
 J'ai ri d' bon cœur !
 J'ai ri d' bon cœur !

Nous parton' à la badine,
Tout in riant, tout in d'visant.
J'avos l' plaisi peint sus m' mine,
Mais.... je r'cho' un *renfonc'ment*,
Et ch'ti qui m' l'avot donné,
M' flanque eun' gauq' pa d'sus l' marqué ...

Queu malheur !
Queu malheur !
A l' ducass' de Saint-Sauveur
J'ai brait d' bon cœur!
J'ai brait d' bon cœur !

Cheull *farce* criot vengeance,
Aussi j'attrapp' min luron,
J' li dis : « J' vas t' donner eun' danse,
Allons ! mets-te in position !.... »
Sin visach' tout dépiché,
Prouve assez que j' m'ai r'vingé.
Queu bonheur!
Queu bonheur!
A l' ducass' de Saint-Sauveur
J'ai ri d' bon cœur,
J'ai ri d' bon cœur !

V'là qu' Cath'rin' vot les q'vas d' brouse,
(Elle est sott' de ch' plaisi là).
J'aros volu qu'elle y r'nonce,
Mais crac ! ell' saut' sur un q'va ...
In faijant ses imbarras,
Elle a bourlé l' tiète in bas....
Queu malheur !
Queu malheur !
A l' ducass' de Saint-Sauveur

J'ai brait d'bon cœur,
J'ai brait d'bon cœur!

J' l' croyos queu in faiblesse,
Aussi j'étos transi d' peur.
Ell' se r'lève et vot m' tristesse,
Ell' me dit : « Rassur' tin cœur.
I n' faut point brair' comme un viau,
J'in s'rai quitt' pour un boursiau.... »
  Queu bonheur!
  Queu bonheur!
A l' ducass' de Saint-Sauveur
 J'ai ri d' bon cœur!
 J'ai ri d' bon cœur!

Là d'sus j'ai r'conduit cheull fille,
Qui m'a donné l' permission
D'aller d'mander à s' famille
D'avoir l'intré' de s' mason.
Infin, à minuit sonnant,
J' m'ai couché in marmottant :
  « Queu bonheur!
  Queu malheur!
A l' ducass' de Saint-Sauveur
 J'ai ri d' bon cœur!
 J'ai brait d' bon cœur! »

VIOLETTE.

PASQUILLE ET CHANSON.

V'là huit jours tout comme aujourd'hui,
Tous les habitants du Réduit
Etott'nt din' eun' fameus' foufelle.
Passant par là, j' vo' un chacun
Habillé sus sin trinte-et-un,
Et chaq' femm' répourer s'n achelle,
Ainsi qu' cha s' fait l' vell' d'un attau.
Ah ça, qu' je m' dis, n'y-a du nouviau,
Ch'est sûr... J'accoste eun' vieill' lachoire,
J' li d'mande l' fin mot de ch'l histoire....
Ell' me' vett' d'un air tout surpris
Et m' dit : « Vous n'èt's point de ch' pays?
Sans cha vous sari qu' Violette,
Parti n'y-ara six an' à l' fiète
    Pour' êt' tambour,
Nous a fait savoir l'auter jour
Qu'il arriv'ra aujord'hui même
    V'nant d'Angoulême;
Et qu' veyant cha, tous sès chochons,

Joyeux comm' des couplets d' canchons,
Ont mis tertous leu biell's capottes
Avant que l' diable euch' mis ses bottes,
Pour aller li presser la main
Du côté du molin d' Léquin,
Et l' ram'ner drot-chi in escorte.... »
J' li réponds : Vous m'in dite' eun' forte
Gra-mère !.... Eh quoi ! pac' qu'un garchon
R'vient d'êt' soldat, tout un canton
S' met sans sus d'sous comme à l' ducasse ?
Vous m'avez pris pour un bonnasse
Qui croirot cha.... vous s'abusez.
Sans m' vanter, tel que vous m' veyez,
A trinte ans j'ai quitté m' famille
Pou partir in colonn' mobile ;
J'ai gangné les fièv'' à Dantzick,
Et j' n'ai poin' eu un verr' de schnick
Quand j' sus r'venu, sans qu'i m'in coûte.... »
— Tiens, tiens, qu'ell' dit, i n'y-a point d' doute,
  S' lon les gins
   On fait les présints....
Vous n' s'appélez point Violette ?
Vous n'èt's point l'amoureux d' Rosette ?
Des homm's comm' vous n'y-in a gramint.
Au lieu que ch'ti-là qu'on attind
Est pus rar' qu'un abre à poir's cuites.
J' gag'ros l' Réduit cont' les Elites

Qu'on irot d' Tourcoing à Cassel,
Sans povoir trouver sin parel....
D'ailleurs, acoutez bien s'n histoire,
Et vous verrez si vous d'vez m' croire : —
« Un matin qui n' faijot point clair,
Car ch'éto' in plein cœur d'hiver,
Ros'-Magrite, in purant ses chintes
  Sur un mont d' fien,
  Intind ches plaintes :
  Ohein ! Ohein !...
Alors, elle y vette d' pus proche,
Ell' vot qu' ch'éto' un p'tit mioche
  Infachinné,
  Abadonné.
Il avot l'air de dir' : — Man mère,
Ayez pitié d' mi, de m' misère,
Ne m' laichez point morir drot-chi ! —
I n'y-arot qu'un cœur indurchi
Qui porot trouver cha risible,
Et Magrite étot fort sensible.
Ell' prind ch' pauvre infant dins ses bras,
L'importe à s' mason à grands pas ;
Ell' li mé' eun' double fachenne
Pou l' récauffer, ell' l'appouchenne
  D' sus s'n écour,
Et l' fait boire.... au gob'let d' l'amour,
Car Magrite étot fille et mère....

Alors ell' se dit : « Mais quoi faire
  De ch'l innochint ?.... »
Ell' fait v'nir ses sœurs, ses cousines,
Tous ses connaissanc's, ses voisines,
  Les v'là près d' chint.
Ell' leu dit s'n affaire au pus vite.
Eun' femme alors répond : — Magrite,
N'y-a qu'un moyen de s' tirer d' là,
Ch'est d' fair' tous les s'maine' un pourca.
Mi comme eune aut' je 'n' sus point riche,
Mais pour payer les frais d' noriche
S'i vous faut queq's sous chaq' sam'di,
  Comptez sur mi.... —
Et chaq' femme a fait l' mêm' promesse.
Du mêm' jour on a m'né à l' messe
  L'infant trouvé,
Monsieur l' curé l'l'a baptijé.
On li-a donné l' nom d' Violette,
Pa c' que cheull fleur, su sin lain'ron,
Etot brodée in points d' chaînette,
Avec de l' soie et du coton.

J' cros vous avoir dit qu' Ros'-Magrite
Affronté' par un hypocrite,
(Puisqu'il l'avot laichée in plan),
Etot mèr' d'un tout jeune infant;
Eun' fill'.

Rosette et Violette
Ont bu du laï' à l'mêm' chuchette;
Les mêm's lincheux leu-z-ont servi;
Quand l'un a brait, l'aut' n'a point ri;
Au son d'eun' vieill' canchon-dormoire,
On les r'muot dins l'ochennoire;
Il' ont su marcher in mêm' temps;
Infin, l' mêm' jour, ches p'tits infants
Ont dit leu premier mot : *Mémère !!*...
Pus tard, par leu biau caractère,
Il' étott'nt insanne invités
Dins les bals, dins les sociétés.
Rosett' roucoulot des ariettes
Avec des tons si biaux, si clairs,
Qu'ell' faijot fisque à les p'tits-clercs
    Et l's alouettes.
On laichot là d' boire et d' minger
    Pou l'l'acouter....
Violett' dijot des pasquilles....
Pour divertir garchon' et fill'
Brûl'-Mason n' volot point mieux qu' li.
Ah! qu'il a un biau paroli!
Cha paraît si douche à l'orelle,
Qu'on dirot comme l' ritournelle
    D'un rigodon;
Ses mots vont les un' après l's autes,
Comm' Grand-Queva faijot ses notes

Sus sin violon.....

Il est inutile de vous dire
Qu' l'amour étot v'nu s'introduire
Dins l' cœur de ches deux bons enfants,
    D'puis bien longtemps.
Quand un garchon, quand eun' fillette,
S'intind'nt comm' Rose et Violette,
On peut dir', sans fair' l'intendu :
Pour sûr i n'y-a d' l'amour sous ju.
Et v'là comme ch' petit lazare
Abadonné d'eun' mèr' barbare,
A trouvé l' bonheur sus l' Réduit.... »

Cheull' vielle étot là d'sin récit,
Quand l' joyeux son d'eun' clarinette,
D'un tambour et d' des chifflotiaux,
Arriv' de l' ru' des Sahutiaux....
J'y cour', et j' vos p'tit Violette,
Au mitan d' Magrite et d' Rosette,
Qui versott'nt des larmes d' plaisi.
Derrière euss', deux chints sans-souci
March'nt au pas comm' des vieux d' la garde.
L'un pinch' les boyaux d'eun' guitarde ;
L'aut' fait des grimac's comme un cat ;
Eun' femm' ju' du tambour-muscat ;
Eune aut', qui tient dins s' main s' vaclette,
Dit che r'frain, qu'un chacun répète :

Air nouveau de l'auteur.

« Le v'là ! le v'là !
L' petit Violette,
L'amoureux d' Rosette,
Le v'là ! le v'là !! »

« Ch'est bien li, vettiez, ch'est li-même !
Qu'il est brav' ! qu'il a l'air gogu !
I n' vient point comm' mars in carême,
Su l' Rédui' il est attindu.
A s'n honneur on f'ra huit jours de fiête ;
On buv'ra, on dans'ra, on crîra :

    Le v'là ! le v'là !
    L' petit Violette
    L'amoureux d' Rosette,
    Le v'là ! le v'là !! »

« Si j'étos l'sonneu de l' paroisse,
Contint d' vir arriver ch' bon fieu,
Des tritrons j' f'ros sonner l' gross' voisse,
Cha n' peut point déplaire au bon Dieu.
J' f'ros, si j'étos marchand d' platellette,
Sonner les cloquette' au cou d' min q'va.

    Le v'là ! le v'là !
    L' petit Violette,
    L'amoureux d' Rosette,
    Le v'là ! le v'là !! »

« D'puis six ans qu'il est à l'armée,
On peut dir' que nous l' somme' aussi,
Nuit et jour, ch'est l'accoutumée,
On n' cant' pus, on n'a pus d' plaisi.
Mais ch' garchon va nous r'mette in goguette,
On rira qu'à temps qu'on s'in lass'ra....
  Le v'là ! le v'là !
  L' petit Violette,
  L' amoureux d' Rosette,
  Le v'là ! le v'là ! »

« Comm' dins l' temps, dins nos biell's ducasses,
I nous f'ra rire à déclaquer
Pa s'n esprit, comm' par ses grimaces,
Et les tours qu'i sait si bien juer.
Ch'ti qui n' garantira point bien s' tiête,
Peut compter qu'eun' gross' gauque i r'chevra....
  Le v'là ! le v'là !
  L' petit Violette,
  L'amoureux d' Rosette,
  Le v'là ! le v'là !! »

« Quand viendra not biell' fièt' de Lille,
Vous y verrez ch' malin fichau,
Pus futé qu'un r'nard et qu'eun' fille,
Du mât d' cocagne inl'ver l' drapeau.
Pou s' faire admirer de p'tit' Rosette,
Qui-ch' qui gangn'ra l' prix de l' course-au-sa ?

Le v'là ! le v'là !
L' petit Violette,
L'amoureux d' Rosette,
Le v'là ! le v'là !! »

« Final'mint, ch' luron nous rapporte
L' pus biell' des roses d' not capiau,
Qui, d' puis six an', étot comm' morte.
Pou r'mercier Dieu d'un jour si biau
Allez donc, chifflotiaux, clarinette,
Et cantons tertous pus fort que cha :

Le v'là ! le v'là !
L' petit Violette,
L'amoureux d' Rosette,
Le v'là ! le v'là ! »

Et ch'est ainsi qu'on a conduit
Violette AU FORT DU RÉDUIT.
Par malheur, la mitan d' l'escorte
Est resté', faut' de plache, à l' porte
De ch' cabaret.....
Nous avons cangé cha d'un trait.
On a pris les verr's, les canettes
Les bans, les table' et des lavettes
Pour les ressuer,

Et quoiq' ch'étot lour' à porter,
Au bout d'un p'tit quart d'heure à peine,
Nous étîme' attablés, sans gêne,
Au pus biau mitan du Réduit ;
Nous maingîm's d'un grand appétit
Des sorets, des œués, d' l'andoull' d'Aire,
Du pâté , du fi, des puns-d'-tierre
    Boulis dins l'iau,
Du bon fromach' de blanc-caillo,
Des craquette' et du cras potache.
Car, tous les femm's du voisinache,
Avott'nt ravagé leu buffet
Pour qu'i n' manque rien à ch' banquet,
Et pour fair' vir à Violette,
Que s'n arrivée éto' eun' fiête....

Nous li-avons bien prouvé aussi,
Quand nous avon' eu l' vint' rempli.
J' dis *nous*, car vous povez bien croire,
Qu'en veyant qu'i n'y-avot d' quoi boire,
A rire, à graingner, à canter,
J' n'ai pus pinsé à m'in aller.
L' plaisi, tout comme eun' joli' fille,
    Est capricieux,
Faut l' cajoler, sans cha, i file
    Pour trouver mieux.

J'ai donc fait là comme tous les autes.
J'ai déclaqué à t'nir mes cotes,
D'intind' les bleuss's que des farceux
Ont raconté's. Ch'est des minteux,
  Je l'sais.
Mais bien mintir n'est point facile....
Mintir sans nuire! un imbécile
  Ne l' sait jamais.
Les femme' ont canté des romances
Uch' qu'on parl' d'amour et d' souffrances
D'puis l' premier mot jusqu'au dernier.
On dirot qu'on n' peut point s'aimer
Sans fair' des soupirs comm' des vaques,
Sans parler d' poignard et d' poison !...
Avouez qu' tout cha ch'est des craques.
Ah! comm' j'aim' mieux cheull viell' canchon
Qu' nous a cantée un vieux grand-père :
  A chaque r'frain
On s'imbrasse, on aval' sin verre
In cantant : « *Viv' l'amour et l' bière....*
Quand on n' peut point s' payer du vin ! »
Cheull canchon nous a fait bien rire....
Mais j' pinse ichi, si j' veux vous dire
Chin qu'on a fait, chin qu'on a dit,
Nous n' partirons point d'vant minuit.
J' vas donc finir in queq's paroles :
Nous avons tertous jué nos rôles,

On n' peut point mieux.
Les jeun's, les vieux,
Pour amuser p'tit Violette,
Ont dit chin qui leu v'not dins l' tiête.
Aussi ch' garchon riot d' bon cœur,
D' nous vir, par li, d' si bonne humeur.
Pour prouver qu'il étot bénache,
I nous a dit : « Comm' min mariache
Avec Rosett', va s' fair' bétot,
J' vous invite à l' noce à l'écot ! »
Alors, on li-a fait la conduite,
Ainsi qu'à Rosette et Magrite
Jusqu'à s' mason,
In cantant le r'frain de s' canchon,

« Le v'là ! le v'là !
L' petit Violette,
L'amoureux d' Rosette,
Le v'là ! le v'là ! »

LES MAFLANTS.

Air : J'arrive à pied de province,

ou

Si j'étais l' bon Dieu.

Mes amis, ouvrez l'orelle,
  J'vas dir' du nouviau,
On porra tirer l'équelle
  Après min morciau;
Aussi, j' cros qu' vous allez rire
  Bien dur et longtemps,
Sitôt qu' vous m'intindrez dire
  L' canchon des maflants (*bis*).

J' vous dirai qu'eun' coss' m'étonne,
    Aussi j' n'y tiens pus,
Ch'est qu' jusqu'à ch' moumint, personne
    N'a rien fait là-d'sus.
Car on peut dire à la ronde,
    Les p'tits comm' les grands,
Qu'à chaq' pas qu'on fait dins ch' monde
    On trouv' des maflants (*bis*).

Eun' fille arrive à l' ducasse
    Pinsant d' s'amuser.
V'là qu'au bal, un grand bonnasse
    L' demande à danser.
I prind, pinsant fair' l'aimable,
    Un air languissant.....
Mais s' danseuss' l'invoie au diable
    Comme un vrai maflant (*bis*).

Vous s'in allez boire eun' pinte
    Pour vous délasser,
Un homm' vient, qui vous esquinte
    A forch' de d'viser.
Des concont's de ch' Nicodème,
    Vous dite' in bâillant
Et marmottan' in vous-même :
    « Mon Dieu queu maflant ! (*bis*).

Du pestac', un jour, l'affiche
  Promet du nouviau.
J'y cour', et, n'étant point riche,
  Je m' plach' tout in haut.
On a jué, vettiez queull chance,
  Un dram' larmoyant !....
J'ai traité, pour tout' vengeance,
  L'auteur de maflant (*bis*).

Quand j'intinds, in fait d' musique,
  L'air de *Brididi*,
Min cœur fait *douq, douq, diq, dique*,
  Et saute d' plaisi ;
Mais si par eun' roucoulate
  Eune espèc'. d'arlant
Met m's orelle' in marmelate,
  Je l' traite de maflant (*bis*).

Acoutez cheull drôl' d'affaire,
  Mais n'in dites rien :
Par eun' nuit, min vieux compère,
  Qui n' dormot point bien,
S'amuse à bajoter s' femme,
  Qui di' in rêvant .
« Ah ! m'n homm' n'est point ch'ti-là qu' j'aime,
  Il est trop maflant ! » (*bis*.)

D'puis que j' compos' de l' musique,
  Pour faire un peu d' tout,
J'intinds souvint qu'on m' critique
  Sur min méchant goût.
On m' dit qu' je ne sarais pus faire
  Des r'frains bien ronflants.....
J' réponds sans m' mette in colère :
  « Vous èt's des maflants ! » (bis).

Mais j' vous ai promis d'avanche
  Bien pus d' burr' que d' pain,
La fin de m' canchon avanche,
  Vous n' rigolez point.
Puisque je n' vous fait point rire,
  Au lieu d' batte un ban,
Vous n'avez qu'à tertous dire :
  « Queu canteux maflant ! » (bis).

LE CARNAVAL.

Air nouveau de l'auteur.

A Lill' nous avons des biell's fiêtes :
Saint-Nicolas pour les garchons,
Saint'-Cath'rin' pour les jeun's fillettes,
Saint-Eloi pour les forgerons.
Pour tout l' mond' nous avons l' *Brad'rie,*
Lundi-d'-paq's, Sainte-Anne et l' *Broq'let*....
On y peut rir' tout à s'n invie,
Quand on a d' quoi dins sin saclet.

Mais l'atau qui n'a point d'égal,
    Ch'est l' Carneval ! (*bis*).

L' Carneval est comme ch'l imache
Qui r'présinte l' mond' rinversé,
Uch' qu'on vot l' pourchau à l'ouvrache,
In train d' chaircuter l' chaircutier.
Ainsi, l' balou qui n' sait point dire
Tros fos : *du pain*, fait l' charlatan ;
Un homm' sérïeux n' décess' point d' rire ;
Un richard fait l' marchand d' faltran !
Ah ! l'atau qui n'a point d'égal,
    Ch'est l' Carneval ! (*bis*).

Comm' dins ch' monde i n'y-a que l' richesse
Qui nous donne un air important,
L' rattacheuss' vodrot v'nir duchesse,
Et l' babenneux rêv' d'êt' sultan.
Cheull sotte idé' nous tourne l' tiête
Chinq mos sur six, et ch'est pourquoi
Qu'on dépins' tout quand vient cheull fiête,
Afin d'avoir l'air d'eun' séquoi.
Ah ! l'atau qui n'a point d'égal,
    Ch'est l' Carneval ! (*bis*).

Aussi ch'est eun' fureur, eun' rache :
Pour avoir un costum' brillant,

Un biau capiau avec pleumache,
On va porter s' capote in plan.
Vous n' me direz point qu' ch'est eun' *planche*,
Pou l' biau plaisi d' bien s'arringer,
Pus d'un garchon, tros s'main's d'avanche,
N'a point payé sin boulinger.
Ah ! l'atau qui n'a point d'égal,
  Ch'est l' Carneval ! (*bis*).

Acoutez ! j' cros qu' j'intinds l' gross'-caisse,
Ch'est un kar de triomph' qui vient....
Vettiez ! tout in haut, v'là l' SAGESSE
Toute ajouliée, ah ! qu'elle est bien !...
Inter nous, cheull fill' qu'on admire
Vind des bonnets, des cols, des fleurs....
Des méchant's lang's vont jusqu'à dire
Qu'ell' vind même aussi des *faveurs !*....
Ah ! l'atau qui n'a point d'égal,
  Ch'est l' Carneval ! (*bis*).

Après l' prom'nate on cour' à l' danse
Au *Guernadier*, au *Saint-Esprit*.
On tach' d'avoir eun' biell' prestance
Et d' fair' vir qu'on n' manq' point d'esprit.

Un général di' à s' princesse :
Vous soupirez ?... ell' li répond :
Non, général, non, ch'est que j'..... tousse,
I n'y faut point faire attention !

Ah ! l'atau qui n'a point d'égal,
　　Ch'est l' Carneval ! (*bis*).

J' n' dirai qu'un mot de l' coutume
Qu'on a d'aller *tirer l' canard*.
Vettiez cheull fille, in biau costume,
Qui tient dins s' menotte un poignard.
Les yeux baindés, l' démarche fière,
Ell' tu' l' canard, malgré ses cris.....
Victoire !.... elle a gangné l' cafetière !....
Ch'est ordinair'mint l' premier prix.

Ah ! l'atau qui n'a point d'égal,
　　Ch'est l' Carneval ! (*bis*).

J' vas finir par eun' drol' d'histoire :
Un ménach' comme i n'y-in a point,
Onz' mos par an, ch'est à n' point croire,
L'homme et l' femm' vitt'nt *au mazarin*.
Mais quand l' biau carneval approche
On les vot r'mett' les fier' au fu,

Pou s' déguiser et fair' bamboche,
Jusqu'à qu' cheull fiête euch' disparu.

Ah ! l'atau qui n'a point d'égal,
    Ch'est le Carneval ! *(bis)*.

LE BONNET DE COTON.

PASQUILLETTE.

Dédiée à mon ami **A. DUPUIS**, avocat.

Mari'-Christine a marié s' fille
Avec un jeune et joyeux drille,
    Lundi passé.
Je n' vous racont'rai rien de l' noce,
Car i n' s'a point passé grand cosse
Qui vaut l' pein' d'ête r'marqué.
Nous êtime' à peu près quarante ;
On a pris l' guertier de l' mariante ;
On a mié de l' vaq', du gigot ;
On a bu à tir'-larigot
Du schnap, du café, de l' bonn' bière,

Au point qu' pus d'un a queu par tierre;
On a canté in vrai platiau,
Tout cha n'est ni rar', ni nouviau.
Mais l'histoir' que j' m'in vas vous dire
Et qui, j'espèr', vous f'ra bien rire,
N'est arrivé, j'in sus certain,
Qu'au mariach' du p'tit Célestin
Avecque l' fill' Mari'-Christine.

Marie-Christine étot chagrine,
Quand s' fillette, elle a vu partir
Avé s'n homm', pour aller dormir.
Ell' se dijot, cheull bonne mérotte :
« Mon Dieu, quoi-ch' que va dir' Charlotte ?...
Dins cheulle cambre, inserré' à deux,
Ell' rougira qu'au blanc des yeux,
Car ch'est eun' fill' si ombrageusse !...
J' parîros qu'elle est pus péneusse
Qu'eun' soris dins les patt's d'un cat !... »
Et l' bonn' Christine in dijant cha,
Marche sans bruit, arrive à l' porte
De l' cambre d' ses infants. In sorte,
Qu'elle intind Célestin qui dit :
« Ah queu malheur !... il est trop p'tit !... »
— Trop p'tit ?... (répèt' Mari'-Christine,
Faijant dins l'ombre eun' vilain' mine),

Eh mon Dieu ! d' quoi-ch' qui parle donc ?...
Elle acoute incore, et ch' luron
R'dit : « Gramint trop p'tit !... j' m'esquinte
Inutil'mint !... » Croyant comprinte,
Christin' dit : « V'là, parol' d'honneur,
L' premier qui s' plaint d'un tel malheur ! »
In ell'-même, ell' n'in faijot qu' rire.
— « Il est trop p'tit !... mais bah ! tant pire,
J'ai là min p'tit coutiau d' filtier
Qui m'aid'ra bien à l' l'ajuster !...
Ch'est dit, j' va' y fair' des intalles !... »

Christin' sint r'muer ses intralles....
Ell' crie : « Arrête !... arrêtez ! par pitié !!..

Infonçant l' porte à grands cops d' pié,
Elle intre comme eun' vrai' furieusse !
Mais là, cheull femme est tout' péneusse,
D' vir, près du lit, sin biau-garchon
Qui découd sin bonnet d' coton.

LIQUETTE.

Air nouveau de l'auteur.

J'ai d 'l'amour pour eun' fillette.
Ch'est point pour Mari'-Zabette
Malgré qu'elle a des gros sous;
Ch'est point pou l' fille à Gros-Jacques,
Qui m'a donné des œués d'paques,
Des chériche' et des croq'-poux ;
Incor moins pour cheull crass' veufe
Qui met min cœur à l'épreufe
In m'faijant ses yeux gadoux....
    Ch'est Liquette,
  Qui tourne m' tiête,
Et qui m' forchera d'aller
Faire un p'tit tour à Lomm'let.

Ah! ch'est eun' fill' sans parelle
On n'in vot point d'aussi bielle
Sus *l' Plachett'*, ni sus *l' Réduit*;
Ses deux yeux, quand ell' vous r'vette,
Ont l'air d'eun' gross' mourmoulette
Qui nage au-d'sus d' l'iau qui l' cuit;
Ses dints sont couleur d'ivoire,
Et ses ch'veux, vous pouvez m' croire,
Noirs comme un angnon confit....
  Ch'est Liquette,
  Qui tourne m' tiête,
Et qui m' forchera d'aller
Faire un p'tit tour à Lomm'let.

On f'rot l' tour des six paroisses,
Avant d' trouver des grivoisses
Avec un si bon bagou;
Et sus ch' point-là, les r'vind'resses,
Les r'passeuss' et les buresses,
Près d'elle n' sont point l' pérou.
Aussi, quand ell' se dispute,
On poursuit l'aut' dins s' cahutte,
In criant: *Ehou! éhou!!*...
  Ch'est Liquette
  Qui tourne m' tiête,
Et qui m' forchera d'aller
Faire un p'tit tour à Lomm'let.

Faut l' vir quand elle est à l' danse:
On dirot, veyant s' prestance,
L' tambour-major des Hurlus,
Après, v'la qu'ell' se dératte,
Car elle fait, comme au théâte,
Des écarts, des j'tés-battus,
Des balonnets, des courbettes,
Des mouch'tés, des pirouettes,
Des pas d' bouré', des saluts.
  Ch'est Liquette,
  Qui tourne m' tiête,
Et qui m' forchera d'aller
Faire un p'tit tour à Lomm'let.

Dins les noce' et les r'vidiaches
Ell' rind tous les gins bénaches
In cantant des biaux morciaux:
I n'y-a point d' danger qu'ell' triche,
Car ell' porot fair' du piche
Au pus malin des ojeaux;
Un d' fini, n'in v'là deux autes,
Ell' sait comm' ses paternotes,
Tous les canchons d' Desroussiaux !
  Ch'est Liquette,
  Qui tourne m' tiête,
Et qui m' forchera d'aller
Faire un p'tit tour à Lomm'let.

Mais tous cha l' rind difficile.
Croirez-vous qu' cheull drol' de fille
N' veut qu' d'un amoureux d' six pieds?
Elle a r'fusé, faut' de talle,
Un des pus grands marchands d' palle,
Deux cordonniers, tros tripiers,
Quat' fabricants d'alleumettes,
Chinq marchands d'lit' à roulettes,
Six tailleur' et siept fripiers!
  Ch'est Liquette,
 Qui tourne m' tiête,
Et qui m' forchera d'aller
Faire un p'tit tour à Lomm'let.

Elle a, chin qui m' désespère,
Un cœur pus dur que copierre.
Quand j' li parle d' nous marier,
Ell' me vett' d'un air tout drole,
Et m' dit: Vous v'nez qu'à m'n épaule,
Et vous n'èt's qu'un p'tit filtier!....
Vous d'vez bien savoir, Prud'homme,
Qu' je n' vodros jamais d'un homme
Comme eun' bott' de cavalier!
  Ch'est Liquette
 Qui tourne m' tiête,
Et qui m' forchera d'aller
Faire un p'tit tour à Lomm'let.

LES AMOURS DU DIABLE

ET DE L' FILLE D'UN PORTE-AU-SA.

RONDE.

Air : Un jour à la promenade. (Vieille ronde lilloise).

J' vas dire eun' coss' véritable,
Et personne n' le croira,
Car ch'est les amours du diable,
Tra deri dera, deri dera,
    Eh lon la la !
Car ch'est les amours du diable,
Avé l' fill' d'un Porte-au-sa.

Cheull fille étot si coquette
Qu'e' n' révot que d' soie et v'lours,
Ell' dijot : Pour eun' toilette,
Tra deri dera, deri dera,
    Eh lon la la !
Ell' dijot : Pour eun' toilette
J' donn'ros la mitan d' mes jours.

L' diable intindant ch' biau langache,
S' habill' comme un maît' filtier,
Monte in caroch' de louache,
Tra deri dera, deri dera,
  Eh lon la la !
Monte in caroch' de louache,
Et dins s' cave i vient l' trouver.

I li dit : « Bonjour Mamzelle !
A m' mason j'ai tant d'écus
Qu'on peut les r'muer à l' pelle,
Tra deri dera, deri dera,
  Eh lon la la !
On peut les remuer à l' pelle,
Comm' des puns-d'-tierre au pacus. »

« Avec des écus, jeun' fille,
On a des bonnet' à fleurs,
Des biaux rubans, d' l'or qui brille,
Tra deri dera, deri dera,
  Eh lon la la !
Des biaux rubans, d' l'or qui brille,
Des habits d' tous les couleurs ! »

« On a des q'vas, des caroches,
Des domestiq's, des masons;
Au lieu de n' ronger qu' des oches,
Tra deri dera, deri dera,
　　Eh lon la la !
Au lieu de n' ronger qu' des oches,
On tortill' poulets, pigeons. »

« Alors chacun vous admire,
Trouv' que vous avez d' l'esprit;
S'i vous plaît seul'mint d' sourire,
Tra deri dera, deri dera,
　　Eh lon la la !
S'i vous plaît seul'mint d' sourire,
Tout l' monde autour de vous rit. »

« Et pour avoir cheull fortune
Vous n'avez qu'à dire un mot....
Puisqu'i n' fait point clair de lune,
Tra deri dera, deri dera,
　　Eh lon la la !
Puisqu'i n' fait point clair' de lune,
Partons vite in much'-tin-pot. »

Après cheull dernièr' parole,
L' fillett' rimpli' d'ambition,
Comme un ojeau de s' guéole,
Tra deri dera, deri dera,
  Eh lon la la !
Comme un ojeau de s' guéole,
S'esquive avecque ch' démon.

Eune heure après sin vieux père
Dins s' cave étant déchindu,
Comme un infant n'a fait qu' braire,
Tra deri dera, deri dera,
  Eh lon la la !
Comme un infant n'a fait qu' braire,
Et l' lind'main i s'a pindu.

Ch'l histoir' deviendra croyable,
Pou ch'ti qui pinse un p'tit peu,
Car tout l' ma nous vient du diable,
Tra deri dera, deri dera,
  Eh lon la la !
Car tout l' ma nous vient du diable,
Comme l' bien vient du bon Dieu.

LE BROQUELET D'AUJOURD'HUI.

Air nouveau de l'auteur.

Chaq' jour on intind
Dir' qu'i n'y-a pus d' biell' fiête à Lille,
Et même, on prétind
Que l' Broq'let n' donn' pus d'amus'mint.
Mi, quand j'intinds cha,
J' me r'mu' dins m' piau comme eune anwille,
Et j' réponds : Ah ça !
Quoi-ch' que vous volez dir' par là ?
Est-ch' qu'on n'y cant' pus?
Est-ch' qu'on n'y dans' pus?
Est-ch' qu'on n'y rit pus?
Veyons, dit's chin qu'on n'y fait pus?....

Non, non, tel qu'il est,
    L' Broq'let   *Bis.*
N'est point d'jà si laid !

Si vous s' pourmenez
L' vell' de ch' biau jour sus l' petit' plache,
J' réponds qu' vous verrez
Deux chints marchands d' fleur' étalés,
Car fille ou garchon
Qui veut faire un biau bistocache,
Fait là s' provision
D' biell's petit's fleurs, qui sint'nt si bon.
On donne avec cha,
Du bon chocolat.....
Ch'est point si jobart,
Car on est sûr d'in boire s' part.

Non, non, tel qu'il est,
L' Broq'let
N'est point d'jà si laid !

Dins tous les Lombards
Les écrivains sont à l' foufelle;
I faitt'nt chinq quarts
Pour dégager mouchos, foulards,
Patalons, capots,
Ecourcheux d' soi', gants d' filoselle,
Capotte' et sarraux.
Car tous chez gins veutt'nt êt' farauts.
Tout cha reste in plan
Pus d' huit mos par an,

Aussi, ches habits
Faitt'nt sus leus corps tros chints mill' plis !

Non, non, tel qu'il est,
L' Broq'let
N'est point d'jà si laid !

Si vous èt's curieux,
Passez l' matin par la Commune,
Vous verrez, joyeux,
Arriver trint' pair's d'amoureux,
L' gousset peu garni,
Car l'amour est tout leu fortune.
Ches gins sans souci,
Vont dire à monsieu l' maire : *Awi !!*
Pus tard, i maing'ront,
Dans'ron' et buv'ront.....
On n' sara qu'après
Ch'ti-là qui dot payer les frais.

Non, non, tel qu'il est,
L' Broq'let
N'est point d'jà si laid !

Si vous s'in allez
Faire un p'tit tour jusqu'à Wazemmes,
Pour sûr, vous verrez

Les cabarets pleins comm' des œués.
Intrez-y, chochons,
Vous intindrez des homm's, des femmes,
Canter des canchons
A fair' du piche à des pinchons;
Mêm' des nouviau-nés,
Quoique infachennés,
Veut'nt in faire autant.....
Malheureus'mint, ch'est in brayant.

Non, non, tel qu'il est,
L' Broq'let
N'est point d'jà si laid.

Continuez vo q'min
Tout jusqu'à L' Nouvielle-Avinture,
Là, j'in sus certain,
Vous s'amus'rez jusqu'au matin;
Vous verrez danser,
Polker, galopper sus l'verdure;
Des danseux brond'ler,
Se r'lever vite ét r'galopper.
L' musiq' vous inl'v'ra,
Quand ell' vous jura
L'air du p'tit quinquin,
Avé l' voiss' des danseu' au r'frain.

Non, non, tel qu'il est,
L' Broq'let
N'est point d'jà si laid !

Pindant tros quat' jours
Vous verrez l' même r'mu'-ménache;
Dins les ru's, les cours,
On s' plaindra qu' ches jours sont trops courts,
Après cha, sans r'gret,
On r'port'ra tous les nippe' in gache;
Bien contint, si l' prêt
Met du pain, du burr', dins l' buffet;
Et puis, pour finir,
I rest'ra l' souv'nir,
Jusqu'à l'an prochain
On répèt'ra soir et matin :
Non, non, tel qu'il est,
L' Broq'let
N'est point d'jà si laid !

LA MORALE DE ROGER-BONTEMPS.

Air : C'est l'eau qui nous fait boire.

Du gros Roger-Bontemps,
Vous connaîchez l'histoire,
Car elle est dins l' mémoire
D' gramint d' gins d' puis longtemps.
Souvint, sans sous, ni malle,
Mais gai, comm' deux pinchons,
I répétot s' morale :
  « Buvons,
  Rions, } (Bis).
  Cantons ! »

Et puisque ch' paroissien,
Par sin biau caractère,
A trouvé sur la terre
L' bonheur, quoiqu' n'ayant rien.

Pernons ch' luron pour maîte,
Et, profitant d' ses l'çons,
Répéton' à tu-tiête :
    Buvons,
    Rions,
    Cantons !

Et si l' malheur survient
Avé s'n air effroyable,
Pour s'assir à no table
Uch' que l' plaisi nous r'tient,
Au lieu d' verser bien vîte
Des larme' à gros bouillons,
Pour que l' malheur nous quitte,
    Buvons,
    Rions,
    Cantons !

J'avos vingt ans et d'mi.
J'apprinds que m' biell' maîtresse
M'a brûlé l' politesse
Avec un pus laid qu' mi.
D'abord, cha m' rind tout chosse....
Mais, vienn'nt les réflexions,
Je m' dis : Ch'est bien peu d' cosse !....
    Buvons,
    Rions,
    Cantons !

Je viens d'hériter d'un fieu,
M' femme étot tout in rache.
Mi, lon qu' cha m' décorache,
J'ai dit : Va, du bon Dieu
Que l' volonté soich' faite !
Et, n'ayant ni lain'rons,
Ni pichoux, ni loquette,
  Buvons,
  Rions,
  Cantons !

Du gros Roger-Bontemps
Les consels sont utiles.
Soyons donc, mes bons drilles,
Ses joyeux deschindants.
Pour que jamais l' tristesse
N'arrive à nos masons,
Nous répèt'rons sans cesse :
  Buvons,
  Rions,
  Cantons !

LES DEUX GAMINS.

A MM. H. SIX ET F. HERTEMAN.

SCÈNE DE MŒURS ENFANTINES.

Le gamin de Lille entre en scène. Il a sur le dos un cerf-volant ; il tient en main une toupie qu'il se dispose à faire tourner ; il marche en boitant et en chantant ce refrain populaire.

> U allez-vous gra-mèr' boiteusse ?
> Milefin (*bis*)
> U allez-vous gra-mèr' boiteusse ?
> Milefin, parfin.

(*Parlé*). Ah! ah! ch'est aujourd'hui dimanche, j'espère que j' min vas m'amuser : j'ai eun' porette qui tourne comme eun' girouette; un biau dragon qui va dire bonjour à les neuâches; tros douzaines de qnecques et eune éparnemale de quinz' jours qui monte à dije-huit sous. J' n' m'ai jamais vu si riche, et s'il est vrai, comme l' dit m' mère, qu' l'iau s'in va toudi' à l' rivière, j'espèr' d'ête bétôt millionnaire.... Ah! j' les attinds ches malins jueux du Réduit.... l' premier qui s' présinte, j' vas l' dépleumer comme un canard....

(*Le gamin de Paris entre en chantant :*)

> Tra deri deri,
> V'là l' gamin d' Paris,
> Qui vit sans souci,
> Et n' connait pas la dépendance ;
> Tra deri dera,
> De c' que l'on dira,
> Il se moquera et puis voilà !
> Là !

(*Parlé*). Oui, voilà l' gamin de Paris qui s'amuse comme un colimaçon hors de sa coquille.... A quoi donc a pensé mon père de venir travailler dans ce pays-ci. Je n' sais si ça l'amuse, le cher homme, mais à coup sûr il n'y a dans c'te bicoque de ville aucun plaisir pour un vrai pantinois... si tant seulement j' rencontrais un *pantre* (1) pour lui faire une partie d' bouchon et lui gagner tout son *pognon* (2) j' prendrais mon mal en patience. *(Il aperçoit le gamin de Lille.)* Eh! justement, c'est l' ciel qui me l'envoie, comme on dit à l'Ambigu... Oh! c'te binette!... Est-il rupin!... il ne r'semble pas mal à l'amour avec son cerf-volant sus l' dos..... qu'il accepte ma partie, et il aura ben d' la chance s'il ne ressemble pas ce soir à un p'tit St-Jean!

(Pendant ce monologue le Lillois lance sa toupie et la fait tourner dans sa main).

LE LILLOIS *(à part)*.

Quoi-ch' qui berdoulle ch' Parisien.

LE PARISIEN *(s'adressant au Lillois)*.

Dis-donc moustique! as-tu du sonnant? (3)

LE LILLOIS.

Hein! quoi-ch' te dis?

LE PARISIEN.

As-tu du sonnant?...

LE LILLOIS.

Du sonnant!... est-ch' que te m' prinds pour eun' cloque?

LE PARISIEN.

Eh non! tu n' me comprends pas.... as-tu de c' qui s' pousse?

LE LILLOIS.

D' chin qui s' pousse!... awi, j'ai min père qui pousse eune vinaigrette!...

LE PARISIEN *(impatienté)*.

Ah ça! mais tu ne connais donc pas ta langue!... du sonnant.... c'est de c' qui s' pousse.... de c' qui s' pousse c'est.... c'est du sonnant parbleu! est-il bonnot.... c' paroissien-là!.... *(Il chante.)*

Air du Carnaval (même volume, page 125).

Refrain.

Grands dieux qu' les Lillois sont balourds!
Ah qu'ils sont lourds! *(bis)*.

(1) Niais.
(2 et 3) Argent.

Qui les connaît dira toujours :
  Ah ! qu'ils sont lourds ! (*bis*).

LE LILLOIS (*chante*).

Refrain.

Ah qu' les parisiens sont balous !
  Qu'i sont balous ! (*bis*).
J' les donn'ros tertous pour quat' sous,
  Sont-i balous ! (*bis*).

LE PARISIEN.

Couplet.

Si vous leur parlez de c' qui s' pousse,
Ils croient qu' c'est un assaisonnement ;
L' bruit d'un' cloch', qu'on tire ou qu'on r'pousse,
Est pour eux c' qu'on appell' *sonnant*....

LE LILLOIS.

Couplet.

Si vous leu parlez d' *vinaigrette*,
I ditt'nt ch'est un assaisonn'mint ;
Si vous leu parlez d'eun' cloquette
Ch'est pour euss' comme un mot d' flamind.....

ENSEMBLE.

LE PARISIEN.	LE LILLOIS.
Grands dieux qu'les lillois sont balourds! Ah qu'ils sont lourds ! (*bis*). Qui les connaît dira toujours : Ah ! qu'ils sont lourds ! (*bis*).	Ah ! qu' les Parisiens sont balous! Qu'i sont balous ! (*bis*). J' les donn'ros tertous pour quat' sous, Sont-i balous ! (*bis*).

LE PARISIEN (*à part*).

Il faut pourtant ben, faute de mieux, que j' m'amuse avec cet iroquois !...

LE LILLOIS (*à part*).

In attindant mes comarates, j' vodros bien li faire eun' partie tout d' même, à ch'ti-là....

LE PARISIEN (*haut*).

Eh ben ! voyons, veux-tu faire une partie de *gadin* ?... (1)

LE LILLOIS.

Gadin !... je n' connos point ch' ju là.... Si te veux juer à la galoche, à la bonne heure !...

LE PARISIEN.

Oui, si tu m'apprends ce que c'est que *la galoche*....

LE LILLOIS (*lui montrant un bouchon*).

La galoche ? tiens vette, le v'là !

LE PARISIEN.

D'accord, c'est ce qu'on appelle *gadin* en bon français....

LE LILLOIS (*lui jetant le bouchon*).

Allez !... plante l'bouch'nick !... (*Le Parisien pose le bouchon à terre.*) Ch'est cha.... Faijons vir pour les premmes....

LE PARISIEN.

Pour le *preu*, veux-tu dire....

LE LILLOIS.

Preu ou *premmes*, vaut-i point la peine de dédire un chaftier pour un point !.. Allez !... PILE OU CROX. (*Il jette un sou en l'air.*)

LE PARISIEN.

Tête !...

LE LILLOIS.

Il est crox, t'as perdu !!...

LE PARISIEN

Il est tête !...

LE LILLOIS.

Est-ch' que j' t'ai parlé de tiête ?... J'ai dit : PILE OU CROX ! t'as répondu *tiête* !... t'as perdu; tant pir' pour ti si te n' comprinds point l' français.

(1) Bouchon.

LE PARISIEN.

Mais fichu mastoc! puisque dans ton jargon *crox* c'est *tête*, en disant *tête* c'est comme si j'avais dit *crox*!...

LE LILLOIS.

Ch'est cha : comme *jusver* et *verjus* ! énon ! mais j' n'intinds point de ch' l'orelle-là.... dà, mi ! T'es-t-un un étrivette, et te mérit'ros bien d'avoir les cloquettes.

LE PARISIEN.

J'ai ben l'envie de t' coller une bafre !...

LE LILLOIS.

Et mi de t' donner un claquot !...

LE PARISIEN.

Prends-y garde !... d'un coup de chausson je te démolirais la paillasse et je m' ferais une paire de jarretières avec tes boyaux !...

LE LILLOIS.

Si j' n'avos point pitié de t' piau, gaspiau, d'un croch'-pied j' te rétinds par tierre, pou t' faire boire eune goulée dins l' richo,...

LE PARISIEN.

Je crois qu'il riposte, ma parole d'honneur! (*chantant*).

Même air.

Couplet.

Ah! c'en est trop! un pareil môme, (5)
Avoir le front d' me résister!...

LE LILLOIS.

Attinds garchon! te vas vir' comme
J' m'y prindrais pou t' décarcasser!...

LE PARISIEN.

Allons fais l' mort! si tu t'entêtes,
J' veux t' manger en guis' d'haricots!...

(5) Enfant.

LE LILLOIS.

Mi j' veux m' faire enn' pair' de cliquettes,
Avec les deux och's de tin dos!...

ENSEMBLE.

Refrain.

LE PARISIEN.	LE LILLOIS.
Grand dieux qu' les lillois sont balourds!	Ah ! qu' les parisiens sont balous!
Ah qu'ils sont lourds ! (*bis*).	Qu'i sont balous ! (*bis*).
Qui les connaît dira toujours ;	J' les donn'ros tertous pour quat' sous,
Ah ! qu'ils sont lourds ! (*bis*).	Sont-i balous ! (*bis*).

LE PARISIEN *(outré de colère)*.

Allons faut qu' ca finisse ! en garde !! (*Il prend une position de maître de savate.*)

LE LILLOIS *(se moquant de lui)*.

Vette ch' ti chi !... i s' met à croucrou pou batiller !... Ah ! qu'il l'a drôle !... Eh ben garchon, te peux t' vanter d'ête bien planté pour raverdir! Tiens, si j'avos l' gross' brouche de min cousin l' barbouilleux j' vodros faire tin portrait ! C'est égal je l' f'rai d' souv'nance : j' n'arai qu'a printe pour modèle un poêle de corps-de-garde, ch'est tin portrait tout craché !....

LE PARISIEN *(se relève tout penaud et dit, à part)*.

Dame! avec son air bonasse, si je me fâche, il aura les rieurs pour lui ! changeons de rôle... *(Haut.)* Décidément, je pense qu'un coup de chausson ne te sourit guère, n'en parlons plus, mais faut pourtant ben que nous rigolions un peu pisque c'est dimanche.

LE LILLOIS.

Je n' demande point mieux... Si te veux nous juerons *à qnecques!*

LE PARISIEN.

A qnecques?... qu'est-ce que c'est que c' te bête-là ? ça va-t-sus l'eau ?...

LE LILLOIS.

Te v'la , tiens ! te fais l' malin, te gasconnes, et te n' sais point seul'mint chin qu' ch'est qu' des qnecques... Tiens vette in v'la des qnecques! *(Il lui en montre.)*

LE PARISIEN.

Ça des qnecques ! des gobilles.

LE LILLOIS.

Dégobille!... dégobille ti-même!... in v'la un malpropre!

LE PARISIEN.

Entendons-nous. Je te dis : ce sont des gobilles, il n'y a rien de malpropre là-dedans, pardine!

LE LILLOIS.

Ah! gobilles!... ch'est égal, je n' poros jamais m'habituer à ch' mot-là!.. Tiens! *vas-y des deux*, cha vaudras mieux! *(Le Parisien joue ; il gagne.)*

LE LILLOIS.

Tout d'dins!... Cristi, te jus mieux qu' te n' parles. — *Donne des six.* *(Il joue.)*

LE PARISIEN.

Trois dehors! perdu!...

LE LILLOIS.

Halte-là, min fieu! et cheull *dorse*, te l' comptes pour rien!...

LE PARISIEN.

Hein! comment dis-tu?

LE LILLOIS.

Te n' vos point, là, cheull *dorse?*

LE PARISIEN.

C'est à dire que je vois une *gobille* au bord du trou...

LE LILLOIS.

Ch'est cha, t'y es! ch'est eun' *dorse*, ou pour mieux dire eun' quecque qui *dort*.

LE PARISIEN.

En voici ben d'une autre!... Mais enfin, qu'elle dorme ou non, elle n'en est pas moins dehors?...

LE LILLOIS.

Ah! v'la qu' te n'y-es pus du tout... eun' *dorse* a biau ête dehors, elle est d'dins tout d' même... Quand cha s'ra différamint l' diable marchera a béquilles et les poule' aront des dints...

LE PARISIEN.

En v'la t-i de balançoire!... avec ça que j' n'ai plus d' gobilles!...

LE LILLOIS.

Quoi t'es d'jà ruiné ? eh bon t'as point fait long fu.!... Ch'a n' fait rien, va, j' sus bon infant, vas-y des *eun'* pour la crache.

LE PARISIEN.

Merci... j'ai déja bien assez craché au bassinet comme ça ; j'en veux plus d' tes qnecques ! que le tremblement les enlève et toi avec.

LE LILLOIS *(d'un ton flegmatique).*

Te v'la incor eun' fos parti pou l' village de *Faches*... Fais-y attintion, sais-te ! à Lille y n'y-a que l' plaisi qui nous fait vivo ; si te n' veux point printe eun' aut' route, te viendras langreux comme un cat qui a un vier dins s' queue...

LE PARISIEN.

Et comment veux-tu que je m'égaie ? j' n'entends rien à tes balivernes ; ton langage me scie le dos autant qu'une lime m'agace les dents ; ta manière de jouer, avec tes *dorses* et ton *pile* ou *crox* pourrait mieux que le jeu d'oie se dire renouvelée des *grecs*, sans calembourg!... enfin...

Même air.

Couplet.

Tu n' sais pas *jaspiner bigorne,* (1)
Encor ben moins *dévider l' jar;* (2)
Tu restes planté comme un' borne,
Au lieu d' gambiller en chicard.
Nous, Pantinois, pour la harangue
Nous valons tous un p'tit Dupin.
Vous Lillois, votre pauvre langue
Ne peut dire en français, *du pain.*

ENSEMBLE.

LE PARISIEN.	LE LILLOIS.
Grand dieux qu' les lillois sont balourds!	Ah ! qu' les parisiens sont balous !
Ah ! qu'ils sont lourds ! *(bis)*.	Qu'i sont balous *(bis)*.
Qui les connaît dira toujours :	J' les donn'ros tertous pour quat' sous,
Ah! qu'ils sont lourds ! *(bis)*.	Sont-i balous ! *(bis)*.

(1) Parler français.
(2) Parler argot.

LE LILLOIS.

Te parles là comme eun' pie borne :
Si je n' sais point *dévidier l' jar*,
Encor moins *gaspiller bigorne*.
J'in sus point du tout fâché, car
Avec min platiau, mi, j'espère
Fair' rir' même un homm' du Maroc ;
Ti, tin biau jargon n' porot plaire
Qu'à Mandrin, Cartouche et Vidocq.

Ah ! qu' les parisiens sont balous !
    Qu'i sont balous ! *(bis)*.
J' les donn'ros tertous pour quat' sous,
    Qu'i sont balous ! *(bis)*.

(Parlé). Mais tout cha, ch'est des bêtisses ! ta mieux pour ti si t'as d' l'induc et l'instruc et si te parles comme un malt' d'école ! Tant qu'à mi, quand j'ai queq' sous dins m' tasse, un dragon, des qnecques et eun' porette, le Roi n'est pus min cousin !... Reste là, te verras si avec tin biau parlache te peux t'amuser tout seu... Mi, j' m'in vas sus l' Réduit tacher d' rigoler eun' bonne fo' avec mes comarates !...

LE PARISIEN.

Eh ! mais, dis-donc ! me prends-tu pour un muffle que tu me plantes là comme une médecine ?... J'y vas aussi moi au Réduit ; et pardienne ! si comme tu le dis il y a de quoi rire, tu verras que je ne donne pas ma part aux chiens !...

LE LILLOIS

Si n'y a d' quoi rir' sus l' Réduit ? mais min fieu, l' Réduit et l' paradis cha n' fait qu' deux.

LE PARISIEN.

Raison de plus alors pour j'y aille !... Eh tiens ! faisons la paix ! pour te prouver que je suis un bon *zigue*, mettons nos boursicots en commun et, l'union faisant la force, nous *paumerons marrons* tous les joueurs de *galoche*.

LE LILLOIS.

Ch'est cha, nous f'rons par' à deux, et si nous avons l' bonheur de gagner, nous irons boire eun' canette et minger des couq'baques à l' cave des *quat'-martiaux*, à l' santé des arlands.

LE PARISIEN.

C'est dit ! à nous deux à la vie et à la mort.

FINAL.

Air : Gai, gai, gai, mon officier.

ENSEMBLE

Refrain.

LE PARISIEN.	LE LILLOIS.
Dri, dri dri, deri deri	Dri, dri dri, deri deri
Plus d' lutte,	Pus d' lutte,
Plus d' dispute ;	Pus d' dispute ;
Dri, dri dri	Dri, dri dri
Soyons amis	Soyon' amis
Comm' deux gamins d' Paris.	Comm' deux garchons d' Paris.

Couplet.

LE PARISIEN.

N'ayons plus de chicane,
Ne nous fachons de rien,

LE LILLOIS.

Soyons toudi' insanne
Comm' St-Roch et sin quien.

ENSEMBLE.

Dri, dri dri, etc.

LE LILLOIS.

Courons juer à l' galoche !
Je n' crains point l' pus malin !

LE PARISIEN.

On n'est pas anicroche,
Quand on r'vient de Pantin (1).

ENSEMBLE.

Dri, dri dri, etc.

(1) Paris.

LE LILLOIS.

Acout' min comarate,
Mi je n' ju' qu'in *buquant*,
Te juras l' *friolate*
La *plate* et l'*attiquant*.

ENSEMBLE.

Dri, dri dri, etc.

LE PARISIEN.

Nous remplirons nos poches
De l'argent qu' nous gagn'rons,
Si tu n' fais pas d' brioches,
Ce soir nous en mang'rons.

ENSEMBLE.

Dri, dri dri, etc.

LE LILLOIS.

S'i t'arrive eune affaire,
Pou t' prouver m'n amitié,
Te verras min p'tit frère,
Comm' je r' pass' des croch'-pié.

ENSEMBLE.

Dri, dri dri, etc.

LE PARISIEN.

Moi d' mêm', si l'on t'insulte,
Qu'on ait cent fois raison,
On verra c' qui résulte
D' la boxe et du chausson!...

ENSEMBLE.

Dri, dri dri, etc.

LE PARISIEN

Et si le sort des armes
Nous trahit quéq' matin,
Pour essuyer tes larmes
Je t' prêterai mon *blavin* (1).

ENSEMBLE.

Dri, dri, dri, etc.

LE LILLOIS.

Parton' à la badine,

LE PARISIEN.

Et la main dans la main.
Si quelqu'un s'en chagrine...

LE LILLOIS.

J' li donne un gros *rojin*.

ENSEMBLE.

Refrain.

LE PARISIEN.	LE LILLOIS.
Dri, dri dri, deri deri,	Dri, dri dri, deri deri,
Plus d' lutte,	Pus d' lutte,
Plus d' dispute;	Pus d' dispute ;
Dri, dri dri	Dri, dri dri
Soyons amis	Soyon' amis
Comm' deux gamins d' Paris.	Comm' deux garchons d' Paris.

(1) Mouchoir.

L' ROI DES PERRUQUERS.

Air nouveau de l'auteur.

A Louche, établi Perruquer,
Je n' trouvos point même eun' pratique.
Heureus'mint qu' par eun' bonn' rubrique
J'ai su l' moyen d' m'in procurer.
J'ai fait coller des grand's affiches,
Avec des lett's d'un pouce d' long,
Alors, les malins, les godiches,
Tout l' monde a li cha d'vant s' mason.
   « Accourez!!!
   Quand vous s'rez
   Bien rasés,
   Bien frisés,
   Pommadés,
   Vous direz:
V'là vraimint l' Roi des Perruquers. » *(bis)*

Grâce à mes rasos, mes cijeaux,
Comme on dit, j'*imbellis l' nature.*
Ainsi, soyez laids, sans tournure,
In sortant d' mes mains vous s'rez biaux.
Si vous imployez mes perruques,
Min cosmétique, et mes toupets,
A quarante ans, soyez caduques,
Vous pass'rez pour des marmouzets.
   Accourez!!!
   Quand vous s'rez
   Bien rasés,
   Bien frisés,
   Pommadés,
   Vous direz:
V'là vraimint l' Roi des Perruquers.

On parle d' mi, même à Paris,
J'étos là réputé *fin' lame,*
Puisqu'un journal, sans qu' je l' réclame,
M'a nommé: *Vainqueur des épis!*
Un épi, vous l' savez peut-ête,
Ch'est eun' brell' de ch'veux qui s' tient rot,
Et l' perruquer qui s'in rind l' maîte,
Peut s' vanter d'ête un homme adrot.
   Accourez!!!
   Quand vous s'rez

Bien rasés.
Bien frisés,
Pommadés,
Vous direz :
V'là vraimint l' Roi des Perruquers.

Aussi j'espèr' bien qu'un biau jour,
Quand on parlera de m' boutique,
On dira : ch'est là qu'on pratique
Tout l' secret d' fair' durer l'amour !
Accourez vieux célibataire,
Viell' fille, amoureuse un p'tit peu,
Souv'nez-vous qu' pour plaire, u déplaire,
Cha n' tient qu'à l'épaisseur d'un ch'veu.
Accourez !!!
Quand vous s'rez
Bien rasés,
Bien frisés,
Pommadés,
Vous direz :
V'là vraimint l' Roi des Perruquers.

On peut sout'nir à volonté,
Qu'un perruquer ch'est eun' gazette.
Un aut' trouv'rot cha malhonnête,
Mi, j' réponds : Ch'est la vérité.

Dir' que je n' sais point les nouvelles
Arrivé's fraich'mint dins l' quartier,
Ch'est dir' qu'i n'y-a point d' viell's semelles
Au fond de l' boutiqu' d'un chav'tier.
   « Accourez!!!
    Quand vous s'rez
    Bien rasés,
    Bien frisés,
    Pommadés,
    Vous direz :
V'là vraimint l' Roi des Perruquers!

Pernez cha pour échantillon :
N'y-ara d'main dins no voisinache,
A l'occasion d'un biau mariache,
Un vacarme, un vrai carillon.
Car on dit que l' mariant, sot gille,
Va mette a sin nom, ch'est conv'nu,
Un biau gros garchon, et eun' fille,
Pour rimplacher l' père inconnu.
    Accourez!!!
    Quand vous s'rez
    Bien rasés,
    Bien frisés,
    Pommadés,
    Vous direz :
V'là vraiment l' Roi des Perruquers.

Infin, mes gins, grâce à ch' biau tour,
J' fais la barbe à pus d'un confrère,
Pour êt' rasé de m' main légère
On fait queu' tout du long du jour.
Quand j' leu-z-ai raconté m'n histoire,
Et rafistolé tous mes gins,
J' leu dis : Faut fair' comme à la foire,
Dite' à vos amis, vos parints :
   Accourez !!!
   Quand vous s'rez
   Bien rasés,
   Bien frisés,
   Pommadés,
   Vous direz :
V'là vraimint l' Roi des Perruquers.

VIVENT LES LILLOS.

Air : Mon Galoubet.

Viv' les Lillos! (*bis*)
Ch'est incore eun' canchon à faire,
Et j' m'in vodros si j' l'oblios.
Car vous m'i invoiri fair' lanlaire,
Si je n' cantos point pour vous plaire :
Viv' les Lillos! *(4 fois)*

Viv' les Lillos!
J'ai, dins les biaux jours de m' jeunesse,
Broutté min corps dins chint indrots.
Au risque d' manquer d' politesse,
Dins ches pays j' dijos sans cesse :
Viv' les Lillos!

Viv' les Lillos!
Pour fair' vir à des jeun's fillettes,
Qu'on a tort de dir' qu'i sont frods;
Afin d'attraper les drouillettes,
Leu fair', pour cadeau, des leunettes....
Viv' les Lillos!

Viv' les Lillos!
Pour avoir in tout des principes :
Savoir compter sus l' bout des dogts;
Faut' de poulets, minger des tripes;
Surtout, pour culotter des pipes,
Viv' les Lillos!

Viv' les Lillos!
Quand on a bombardé leu ville,
N'ayant qu' des calonniers bourgeos,
Il' ont tant fait, d' fil in aiwille,
Qu' les bombardeux ont r'chu leu pile!...
Viv' les Lillos!

Viv' les Lillos!
Mais v'la-t-i point qu' Mari'-Charlotte,
M' dit d' parler des Lilloisse' eun' fos.

J' l'intinds comm' cha, car Jeann'-Maillotte
A fait crier tout comme un aute :

  Viv' les Lillos !

  Viv' les Lillos !
Mais j' cros qu'il est temps que j' m'arrête,
J'in diros bien puq' si j' volos !
J' lis dins vos yeux, comm' sus m' crojette,
Qu'i n' faut point qu'un Lillos répète :

  Viv' les Lillos !

MAD'LEINE

ou

L' VIEUX RINTIER AMOUREUX.

Air nouveau de l'auteur.

Un vieux rintier à tarteinne,
Est amoureux comme un cat
D'eun' fill' qu'on appell' Mad'leine,
Que s'n homme à v'nir est soldat.
Comme i sait qu' ch'est eun' fill' sache,
(Tout l' monde est d'accord là d'sus)
Il l'a d'mandée in mariache,
In li dijant : « J'ai d's écus. »

« Et vous s'rez, Mad'leine,
Min cœur! min chouchou !
Heureuss' comme eun' reine,
Quand vous s'rez m' catou ! »

« J'ai tros biaux chints écus d' rinte;
Des meuble' in veux-tu? in v'la!
N'y-in a tell'mint dins m' soupinte
Qu'on n'y plach'rot pu' un plat.
J'ai, car j'aime l' norriture,
Eun' cav' pleine d' provisions :
Lard, ongnons, puns-d'-tierr', pain, burre,
Haricot' et cornichons. »

« Ah! vous s'rez, Mad'leine,
Min cœur! min chouchou!
Heureuss' comme eun' reine,
Quand vous s'rez m' catou! »

« A min lit j'ai des gourdaines,
Deux orillers gros comm' cha,
Des payass', qui sont tout' pleines
D' mousset et d' pall' de coza;
Un fameux mat'las d' pur' laine
Et chin qu'i faut pour s' couvrir.
Nous s'rons là si bien, m' méquaine,
Qu' nous n' pins'rons poin' à dormir. »

« Ah! vous s'rez, Mad'leine,
Min cœur! min chouchou!
Heureuss' comme eun' reine,
Quand vous s'rez m' catou! »

« J'acat'rai pour vot toilette
Les séquois les pus brillants :
Eun' caîn' d'or *à la Jeannette,*
Des blouq's, des bague' et pindants.
Vous s'rez, min p'tit quin, j' vous jure,
Avec des rubans, des fleurs,
Biell', comm' chez femme' in gravure
Qu'on vo' à l' mout' des tailleurs. »

« Ah ! vous s'rez Mad'leine
Min cœur ! min chouchou !
Heureuss' comme eun' reine,
Quand vous s'rez m' catou ! »

« Vous n'arez pou m' satisfaire,
Qu'à m'aimer un p'tit morciau,
Vous invoirez fair' lanlaire,
Les soupirs d'un galuriau.
Mais, j'ai prévu cha d'avanche,
Pour n'avoir point d' tentation,
Au lieu d' pourmener l' dimanche,
Nous rest'ron' à not mason. »

« Ah ! vous s'rez, Madeleine,
Min cœur, min chouchou !
Heureuss' comme eun' reine,
Quand vous s'rez m' catou ! »

« Des gins vous diront sans cesse,
Que j' sus vieux, et qu' je n' peux pus,
Faire l' bonheur d'eun' jeunesse,
Malgré mes gros sas d'écus.
Un bon moyen d' les fair' taire,
Ch'est d' leu dir' : « Vous èt's des sots !
Vous d'vez savoir qu'on peut faire
De l' bonn' soup' dins les vieux pots !... »

« Ah vous s'rez, Madeleine,
Min cœur ! min chouchou !
Heureuss' comme eun' reine,
Quand vous s'rez m' catou. »

Après cheull longu' déclarure,
L' vieux rintier tout essoufflé,
Est pris d'eun' touss', qui li dure
D'puis qu' *Saint-Étienne* a brûlé !
Allez donc parler d' mariache,
In toussant comme un soufflet !...
Aussi Mad'lein', tout in rache,
Déblouque ainsi sin cap'let :

« Laichez là Mad'leine,
Ell' s'ra quoiq' sans l' sou,
Heureuss' comme eun' reine
Avec sin pioupiou. »

LES ARCHERS DU SOLEIL-LEVANT.

Air du Lundi de Pâques (1.ᵉʳ volume):

Jeun's garchons,
Vieux lurons,
Gra-mère' et jeun's filles,
Intré' in passant
Boire eun' pinte au Solel-Levant ;
Vous n'in s'rez
Point fachés,
Car là, des bons drilles,
Par leus drol's de tours,
Vous donn'ront de l' joi' pour huit jours !

Allé' à Rochin, à Fache,
A Mons-in-Barœul, à Marcq,
Vous n' trouv'rez point du riache,
Comme avec ches jueux d'arc.

Vos yeux, par leus couyonnates,
Fraiquiront pus d'un moucho;
In veyant leus parates,
Vous pins'ré' à Zozo!
Jeun's garchons, etc.

L'un fait l' Général Tom-Pouce
Pour canter l' canchon d' Malbrouck,
I s' coiff' d'eun' viell' perruq' rousse,
Et port' l'habit d'un Kalmouck;
A croucrou i s' tient sur l' table,
Pour avoir l'air d'un p'tit nain.....
Et d'un ton lamintable,
I cant' comme un tarin.
Jeun's garchons, etc.

L'aûte, avec sin comarate,
Cante *L' Perruquer-Coiffeur*.
I s' sert, in guisse d' pommate,
D' crachats, qui nomme huil' de cœur.
Faut vir! sin cijeau galope
Comme un poux sur un taingneux,
Et pour finir, i cope
A ch'l homme eun' mêch' de ch'veux.
Jeun's garchons, etc.

Ch'est à qui f'ra sin p'tit rôle :
Sus l' temps qu'on cante eun' canchon,
L'un buq' sur eun' viell' cass'role,
L'aut' ju' du fif', du violon ;
Sus l' gross'-caisse, avec eun' trique,
Pus d'un tape à tour de bras...
   On dirot l' biell' musique
   Qu'on fait dins l's opéras !
     Jeun's garchons, etc.

Mais tout chin que j' viens d' vous dire
Près du reste, ch' n'est mi' rien,
Car i sont, ch'est point pour rire,
Les soutiens d' Saint-Sébastien.
Il' ont pus d'eun' récompinse
Pour prouver qu'i sont adrots...
   Si j' deviens seul'mint prince
   Mi, j' leus in donn'rai tros.
     Jeun's garchons, etc.

Aussi, dins les fiêt's de Lille,
Quand Phinart est pourmené ;
Quand Lydérique, ch' bon drille,
Hors de l'Abattoir met l' né ;

Vous les veyez côte-à-côte,
Costumés comm' des marins,
   Trincballer Jeann'-Maillotte,
  Et leus arcs dins leus mains.
     Jeun's garchons, etc.

Infin, quand arriv' leu fiête,
(Du réguelmint ch'est eun' loi),
Ch'ti qui met s' flêche à l' broquette,
Pour un an est nommé l' *Roi*.
Mais chin qui n'y-a d' bien pus drôle,
Ch'est d' faire un *Roi des soulots*
   Qui dot, pour juer sin rôle,
   Boire au moins vingt d'mi-lots.
    Jeun's garchons,
    Vieux lurons,
  Gra-mère' et jeun's filles,
  Intré' in passant
Boire eun' pinte au Solel-Levant;
    Vous n'in s'rez
    Point fachés,
  Car là, des bons drilles,
  Par' leus drol's de tours,
Vous donn'ront de l' joï' pour huit jours !

LE MOUCHOIR.

Chansonnette extraite de l'album SOUS LES SAULES,

Publié par MM. Casimir Faucompré et Desrousseaux.

Petit mouchoir, qui sous ma tête
  Avez à ma requête
  Cette nuit reposé,
Ah! comme je vous ai fait fête!
Que de fois je vous ai baisé!

O gentil mouchoir, garni de dentelles,
Mouchoir chiffonné par ses doigts charmants,
Que je vous préfère à ces bagatelles :
Bracelets d'or fin, perles, diamants.
  Petit mouchoir, qui sous ma tête
    Avez à ma requête
    Cette nuit reposé,
  Ah! comme je vous ai fait fête!
  Que de fois je vous ai baisé!

Lorsque vous jouez autour de sa bouche,
Quand vous effleurez ses doigts si jolis !
Ah ! que je voudrais me changer en mouche
Pour m'aller nicher dans un de vos plis.
  Petit mouchoir, qui sous ma tête
   Avez à ma requête
    Cette nuit reposé,
  Ah ! comme je vous ai fait fête !
  Que de fois je vous ai baisé !

De vous agiter quand sa main se lasse,
Elle vous suspend auprès de son cœur :
Pour un front d'amant qu'elle douce place !
Et que l'on y doit goûter de bonheur !
  Petit mouchoir, qui sous ma tête
   Avez à ma requête
    Cette nuit reposé,
  Ah ! comme je vous ai fait fête !
  Que de fois je vous ai baisé !

Tissu précieux, blanc comme la neige,
Où l'on étouffa peut-être un aveu,
Sur sa bouche humide, ah ! quand poserai-je,
Mouchoir, à leur tour, mes lèvres en feu !
  Petit mouchoir, qui sous ma tête
   Avez à ma requête
    Cette nuit reposé,
  Ah ! comme je vous ai fait fête !
  Que de fois je vous ai baisé !

L' MOUCHO D' LIQUETTE.

PARAPHRASE DE LA PRÉCÉDENTE.

Même air.

Biau p'tit moucho, moucho d' Liquette,
   Qui d'puis tros nuits, sus m' tiête,
   Sers de bonnet d' coton,
Quoiq' te n' sos qu'eun' méchant' loquette,
On n' t'arot point pour un bon gambon.

Ah! biau p'tit moucho, qui n'as point d' bordure,
Moucho tout kerchi, par ses dogts si blancs,
Va j' t'aim' gramint mieux que ch' biau tas d'ordure :
Caîne d' similor, bague et longs pindants.
   Biau p'tit moucho, moucho d' Liquette,
      Qui d'puis tros nuits, sus m' tiête,
      Sers de bonnet d' coton,
   Quoiq' te n' sos qu'eun' méchant' loquette,
   On n' t'arot point pour un bon gambon.

Quand j' vos qu'ell' te met sus sin nez, sus s' bouque,
Et qu'ell' te tortill' dins ses biaux p'tits dogts,
Si j' povos m' canger in puche, in p'tit' mouque,
Dins les plis qu' te fais, bien sûr je m' much'ros.
  Biau p'tit moucho, moucho d' Liquette,
   Qui d'puis tros nuits, sus m' tiête,
   Sers de bonnet d' coton,
  Quoiq' te n' sos qu'eun' méchant' loquette,
  On n' t'arot point pour un bon gambon.

Quand t'as fonctionné, ell' te fourr' dins l' poche
De s' bai' d' cazinette, ou de s'n écourcheux.
Alors mi je m' dis comm' cha dins m' caboche :
Queull bonn' petit' plach' pour un amoureux !
  Biau p'tit moucho, moucho d' Liquette,
   Qui d'puis tros nuits, sus m' tiête,
   Sers de bonnet d' coton.
  Quoiq' te n' sos qu'eun' méchant' loquette,
  On n' t'arot point pour un bon gambon.

Ah ! biau p'tit moucho, couleur pain-n'-épices,
Ell' t'a peut-êt' dit qu'ell' m'aim'ra d'amour....
Si je n'n étos sûr, malgré qu' t'es plein d' prisses,
Va j' te bajot'ros pus d' vingt fos par jour !
  Biau p'tit moucho, moucho d' Liquette,
   Qui d'puis tros nuits, sus m' tiête,
   Sers de bonnet d' coton,
  Quoiq' te n' sos qu'eun' méchant' loquette,
  On n' t'arot point pour un bon gambon.

CÉSAR FIQUEUX

ou

L' GASCONNEUX.

Air nouveau de l'auteur.

César Fiqueux m'a d'mandée in mariache
Et je n' sais point si j' dos li dire : awi.
Car, à Paris, il a fai' un voyache,
Et d'puis ch' temps-là, i n' parle pus comm' mi.
Des biaux monsieux, il imite l' langache ;
   Il a tant d'esprit
  Qu' je n' comprinds pus rien d' chin qu'i dit !
   Mon Dieu ! qu' ch'est einnuyeux
    Un amoureux
    Qui s' gasconne !
  Et je n' connos personne
    Pus gasconneux
    Qu' César Fiqueux !

Pour équeumette, i prononce *écumoire*,
I dit *pigeon*, in parlant d'un coulon;
Mais, bien pus fort, *averse* au lieu d' daquoire;
Pour li, *moineau*, ch'est chin qu' j'appell' mouchon;
Infin *glissoire*, au lieu d' dégrioloire;
  Frasoir, pour fraso,
 Comme aussi *rasoir* pour raso!!
  Mon Dieu! qu' ch'est einnuyeux
   Un amoureux
   Qui s' gasconne!
  Et je n' connos personne
   Pus gasconneux
   Qu' César Fiqueux!

Ch'est comme incor, mais cha ch'est par trop biête,
I dit : *étui* ch'est l' français d' cafotin!
N' prétind-t-i point qu'on dot dire eun' *chauff'rette*
Au lieu d' vaclette, et *braisette* pour cotin?
Il est queq'-fos même assez malhonnête,
  N' se permet-i point
 D' traiter min canarien de *s'rin !!*
  Mon Dieu! qu' ch'est einnuyeux
   Un amoureux
   Qui s' gasconne!
  Et je n' connos personne
   Pus gasconneux
   Qu' César Fiqueux!

Au lieu d' m'app'ler tout simplement Liquette,
Puisque ch'est l' nom qu' m'a donné min parrain,
I m' dit: *mon chat, mon bijou, ma bichette*,
Et bien d'aut's noms, car il in sait qu'à d'main.
Mi, sus ch' temps-là, j' dis tout bas: Queull femm'lette,
  I m'a l'air pus flo
 Qu'eun' tasse d' méchant cacao !
   Mon Dieu! ch'est einnuyeux
    Un amoureux
    Qui s' gasconne !
   Et je n' connos personne
    Pus gasconneux
    Qu' César Fiqueux !

De m'n abécé je n' sais que l' premièr' lette,
Mais malgré cha, je m' cros pus futé qu' li.
J' li d'mande eun' fos, si l' biau mot: Portelette,
Peut s'espliquer dins sin sot paroli.
I m'a dit : Non. J'ai répondu tout nette :
  « Vous n'êt's point malin,
 Portelett' ch'est l' femm' d'Agrippin. »
   Mon Dieu! qu' ch'est einnuyeux.
    Un amoureux
    Qui s' gasconne !
   Et je n' connos personne
    Pus gasconneux
    Qu' César Fiqueux !

Pour équeumette, i prononce *écumoire*,
I dit *pigeon*, in parlant d'un coulon;
Mais, bien pus fort, *averse* au lieu d' daquoire;
Pour li, *moineau*, ch'est chin qu' j'appell' mouchon;
Infin *glissoire*, au lieu d' dégrioloire;
   Frasoir, pour fraso,
  Comme aussi *rasoir* pour raso!!
    Mon Dieu! qu' ch'est einnuyeux
     Un amoureux
     Qui s' gasconne!
    Et je n' connos personne
     Pus gasconneux
     Qu' César Fiqueux!

Ch'est comme incor, mais cha ch'est par trop biête,
I dit : *étui* ch'est l' français d' cafotin!
N' prétind-t-i point qu'on dot dire eun' *chauff'rette*
Au lieu d' vaclette, et *braisette* pour cotin?
Il est queq'-fos même assez malhonnête,
   N' se permet-i point
  D' traiter min canarien de *s'rin!!*
    Mon Dieu! qu' ch'est einnuyeux
     Un amoureux
     Qui s' gasconne!
    Et je n' connos personne
     Pus gasconneux
     Qu' César Fiqueux!

Au lieu d' m'app'ler tout simplement Liquette,
Puisque ch'est l' nom qu' m'a donné min parrain,
I m' dit : *mon chat, mon bijou, ma bichette,*
Et bien d'aut's noms, car il in sait qu'à d'main.
Mi, sus ch' temps-là, j' dis tout bas : Queull femm'lette,
  I m'a l'air pus flo
 Qu'eun' tasse d' méchant cacao !
   Mon Dieu ! ch'est einnuyeux
    Un amoureux
    Qui s' gasconne !
   Et je n' connos personne
    Pus gasconneux
    Qu' César Fiqueux !

De m'n abécé je n' sais que l' premièr' lette,
Mais malgré cha, je m' cros pus futé' qu' li.
J' li d'mande eun' fos, si l' biau mot : Portelette,
Peut s'espliquer dins sin sot paroli.
I m'a dit : Non. J'ai répondu tout nette :
  « Vous n'êt's point malin,
 Portelett' ch'est l' femm' d'Agrippin. »
   Mon Dieu ! qu' ch'est einnuyeux.
    Un amoureux
    Qui s' gasconne !
   Et je n' connos personne
    Pus gasconneux
    Qu' César Fiqueux !

Ch' mot d'agrippin cha l'l'a fait rire à glafe
Pus d'un quart d'heur' sans povoir in r'venir.
Il m'a sout'nu qu'i faut dire *eune agrafe!*
Mi, veyant cha, j'ai dit pour in finir :
« Ta mieux pour vous d'êt' fort sus l'ostographe,
  Mai' in attindant
Cha n' vous rind point for' amusant! »
   Mon Dieu! qu' ch'est einnuyeux
    Un amoureux
    Qui s' gasconne !
  Et je n' connos personne
    Pus gasconneux
    Qu' César Fiqueux!

Décidémint j' vas li donner ses mouffes,
J' veux d'un luron qui parle bien platiau.
Tant pir' pour li, i tach'ra d' fair' ses fouffes
Près des mamzell's, par sin parlé si biau.
I m'a donné, d' ses ch'veux frisés, tros touffes.
  Dès d' main j' li rindrai
Et tout in l' graingnant j' li dirai :
  « Mon Dieu ! qu' ch'est einnuyeux
    Un amoureux
    Qui s' gasconne !
  Et je n' connos personne
    Pus gasconneux
    Qu' César Fiqueux ! »

LETTRE DE POPOLD,

Soldat de l'armée d'Orient.

A MARIE-CLAIRE.

Air du Carnaval (même volume, page 125).

Sitôt que l' petit' Mari'-Claire
A su que s'n amoureux Popold,
Soldat dins l' caval'ri' légère,
Étot parti pour Bastopol;
Tout brayant, elle a vit' fait faire
Eun' lett' pour consoler ch' gadru,
Qui n'avot point, li, l'einvi' d' braire,
Ch'est pour cha qu'il a répondu :

    « Au bruit des fusils, des canons,
        Nous rigolons   (bis).
      Et nous cantons. »

« J' profit' de l' main d'un vieux trompette,
Un gaillard fort bien éduqué,
Afin d' réponde à t' dernièr' lette
Qu'on m'a r'mis sitôt débarqué.
J' te dirai d'abord, Mari'-Claire :
Te t' délaminte inutil'mint,
Car pour des homm's qui faitt'nt la guerre,
Nous n' somm's vraimint point trop maj'mint.

« Au bruit des fusils, des canons,
　　Nous rigolons
　　Et nous cantons. »

« Te l' sais comm' mi, ch'est point des craques,
Nous avons r'chu pou l' nouviel an,
Des cigar's, du toubac, des blaques,
D' quoi nous donner d's airs de sultan.
Pourtant quand j'alleume eun' pipette,
Souvint j' sins min cœur se r'serrer,
In pinsant qu' si j'avos t' vaclette,
Ell' m'aidrot tan' à l' culotter.

« Au bruit des fusils, des canons,
　　Nous rigolons
　　Et nous cantons. »

« On t'a peut-êt' dit que l' frodure
Nous a raidis comme un bâton ;
Pour mi j' n'ai point même eu d' l'ing'lure,
Car j'ai réqueu eun' piau d' mouton.
Affublé d' cheull drôl' de capotte
Si te m' veyos par un p'tit tro,
Te riro' à t' casser eun' côte,
Tell'mint qu' tin p'tit Popol' est biau.

« Au bruit des fusils, des canons,
  Nous rigolons
  Et nous cantons. »

« A ch't heur' nous savons bien qu' les Russes
N' sont point si diables qui sont noirs,
Chaqu' nuit, nous leu faijons des russes,
Quand on sait qui dort'nt comm' des loirs.
Nous f'rons vir à ches vilains merles,
Qu' puisque l' sort nous a fait soldats,
Ch'est point pour infiler des perles,
Ni s' pavaner sur des dadas.

« Au bruit des fusils, des canons,
  Nous rigolons
  Et nous cantons. »

« D' min régimint l' maît' de musique,
J' te l'ai d'jà dit, ch'est un Lillos,
Il aim' les Russ's comme un cop d' trique,
Aussi ch' bon fieu m'a dit l'aut' fos :
J' fais sermint de n' jamais pus boire,
Tiens ! si vrai qu' te t'appell' Popold,
Si je n' ju point *l' Canchon-Dormoire,*
Quand nous f'rons brond'ler Bastopol.

« Au bruit des fusils, des canons,
　　　Nous rigolons
　　　　Et nous cantons. »

« Ainsi fillette, i n' faut point braire,
Un biau jour, Bastopol s'ra pris ;
Mi j'arrai min congé, j' l'espère,
Et j' rabroutt'rai vir mes amis.
Mais j' n'arrai peut-êt' pus qu'eun' gambe,
Eh ! mon Dieu ! nous sin consol'rons....
Si pour mi tin cœur toudis flambe,
Huit jour' après nous s'marîrons.

« Au bruit du fife et des violons,
　　　Nous rigol'rons
　　　　Et nous dans'rons. »

Mars 1855.

UNE PROMENADE EN BATEAU.

ALLER

Air: C'est le Roi Dagobert.

Un dimanche au matin
Mad'lon m'dit comm' cha : Min Gustin,
 Pour bien nous amuser,
Quoi-ch' que nous f'rons l'après-deinner?...
 J' réponds d'un bon cœur
 Hélas! par malheur :
 Eun' parti' d' batiau,
 Cha s'rot du nouviau?...

 Mon Dieu, queu déplaisi
Qu' m'a donné cheull parti' d' plaisi! } *(bis).*

Sus les tros heur's sonnant
Nous arrivon' au *Grand-Tournant*.
 J' lou' l' batiau appélé,
J' cros bien, *Robinson-Crusoé*.
 L'achellière m' dit :
 V'là l' barquett' min p'tit,
  Mais te sais qu'avant,
  Faut du répondant ?...

 Mon Dieu, queu déplaisi
Qu' m'a donné cheull parti' d' plaisi !

 J' li donn' tout aussitôt
Min biau capiau et min tricot,
 Comm' ch' étot poin' assez,
Mad'lon donn' ses pindants dorés.
 Nous v'là dins ch'batiau.
 Comme i pernot l'iau,
  Malgré mes sorlets
  J'ai pri' un bain d' pieds !...

 Mon Dieu queu déplaisi
Qu' m'a donné cheull parti' d' plaisi !

 Mad'lon au gouvernal
Étot pus fièr' qu'un admiral ;

Mi, tellemint que j' ramos,
J' suos des goutt's comm' des p'tits pos.
    Sus l' bord, des nageux
    S' présint'nt à nos yeux,
    Comme l' père Adam,
    Sans q'mich' ni caban !...

    Mon Dieu, queu déplaisi
Qu' m'a donné cheull parti' d' plaisì !

    Veyant ches salopins,
Aussitôt Mad'lon prind ses mains
    Pour mucher ses gros yeux.
Jusqu'à là cha va pour le mieux.
    V'la-t-i point que j' vos,
    Qu' écartant ses dogts,
    Ses yeux tout ouverts,
    Vettiott'nt à travers !!

    Mon Dieu, queu déplaisi
Qu' m'a donné cheull parti' d' plaisi !

A *L' Bonn'-Friture*, infin,
Nous arrivons. Comm' j'avos faim,
    J' demande au cabartier
D' nous servir un bon p'tit r'chenner.

L' carbartier m' répond
Qu'i n'a pus d' pichon,
Si ch' n'est qu' des saurets
Et d's hérings salés !

Mon Dieu, queu déplaisi
Qu' m'a donné cheull parti' d' plaisi !

Drol' de fritur' que v'la !
Faut' de mieux j' li prinds chin qu'il a.
A table nous s' plachons,
Et tros *gendarmes* nous mingeons.
Bétot, dégoûté,
Vit' j'ai tout r'jeté
Dins l' bac à carbon,
Tell'mint qu' ch'étot bon !...

Mon Dieu, queu déplaisi
Qu' m'a donné cheull parti' d' plaisi !

Puisque l' mainger n' vaut rien,
Nous d'mandons, pour nous fair' du bien,
Eun' tasse d' bon café.
Je l' goûte aussitôt qu'il est fait.
J' dis : Ch'est du berliau !
J' pari' qu'un pourchau

Aim'rot bien mieux qu' cha
L' séquoi qu'on d'vin'ra!...

Mon Dieu, queu déplaisi
Qu' ma donné cheull parti' d' plaisi!

Alors... mais j' m'arrêt' là,
Car min pauv' gosier crie : Holà!
Il est rouillé, pourtant
Min récit n'est fait qu'à mitan.
Si l' bon jus d'houblon
Peut me r'mett' d'aplomb,
J' vous dirai l' restant.
Cha s'ra désolant!

Mon Dieu, queu déplaisi
Qu' m'a donné cheull parti' d' plaisi!

UNE PROMENADE EN BATEAU

RETOUR

Air : C'est le Roi Dagobert.

Puisqu'i vous paraît biau,
L' récit d' l' prom'nate in batiau
   Qu' j'ai fait l'été passé,
Faut m' dire uch' que j'in sus resté.
    Et j' vous dirai tout,
    Malgré qu' min sang boût,
    Que j' vienn' bleú et blanc
    Rien qu'in y pinsant.

   Mon Dieu, queu déplaisi
Qu' m'a donné cheull parti' d' plaisi ! } (bis).

J' vous ai dit que l' cafiau
Qu'on m'a servi, n'étot que d' l'iau,
Et que l' pichon salé,
Lon de m' rimplir, m'a déblavé.
Ches méchants craq'lots,
M'ont fait boir' tros lots
D' bière à neuf sous l' pot.
Vrai' pichat' de coq!...

Mon Dieu, queu déplaisi
Qu' m'a donné cheull parti' d' plaisi!

Comme l' soir arrivot,
J' crie au cabartier qui dormot :
Combien-ch' que nous vous d'vons ?
I s' révelle et m' dit : Quarant' ronds !
J' tasse autour d' mi,
J' n'ai qu' trint' sous et d'mi.
J' li dis m' position...
I m' traite d' fripon !

Mon Dieu, queu déplaisi
Qu' m'a donné cheull parti' d' plaisi ?

Point contint de ch' gros mot,
I m' traite d' rongneux, d' saligot ;

Malgré qu' je n' réponds point,
I m' donn' sus l' tiête un grand cop d' poing.
　　Alors, pus d' pitié,
　　J' li r'passe un croch'-pied,
　　Qui rétind ch' gaspiau
　　Par tierr' comme un viau !...

Mon Dieu, queu déplaisi
Qu' m'a donné cheull parti' d' plaisi !

　　L' garde champête accourt,
Et pa l' collet, m'attrap' tout court,
　　Malgré les cris d' Mad'lon
Qui veut m' suiv' jusqu'à dins l' *violon*.
　　L' gard' l'intind comm' cha,
　　Mais quand nous somm' là,
　　Nous veyons seul'mint
　　Qu' ch'est séparémint !...

Mon Dieu, queu déplaisi
Qu' m'a donné cheull parti' d' plaisi !

　　Heureus'mint qu'i n'y-avot
Qu'eun' planquett' qui nous séparot.
　　Avec min grand coutiau
J'ai fait sans trop d' peine un p'tit tro.
　　Si bien qu' jusqu'au jour,
　　J'ai parlé d'amour....

Hélas ! des jeun's gins
N' sont jamais contints !

Mon Dieu, queu déplaisi!
Qu' m'a donné cheull parti' d' plaisi !

L' jour étan' arrivé,
Libre' infin nous v'la sus l' pavé.
Nous n' trouvons pus l' batiau
Qu' j'avos loyé à-n-un potiau...
Veyant cha, Mad'lon,
M' dit : s'il est au fond,
L'achellièr' vard'ra
L' *répondant* qu'elle a !...

Mon Dieu, queu déplaisi
Qu' m'a donné cheull parti d' plaisi !

Approuvant cheull raison,
Et d' crainte d' rintrer au prijon,
Sans fair' pus d'imbarras,
Qu'à Lill', nous courons comm' des qu'vas.
Dins l' ru' du Dragon,
V'là l' mèr' de Mad'lon,
Qui donne à s'n infant
Un fier pousse-avant !

Mon Dieu, queu déplaisi
Qu' m'a donné cheull parti' d' plaisi !

J' li dis : Rappajez-vous!
Au lieu d' bougonner plaingnez-nous,
　　Car hier des voleurs,
Des mordreurs, des assazineurs
　　　Nous ont rinversés
　　　Et dévalisés !...
　　　Mad'lon, par bonheur,
　　　Rapporte s'n honneur !

　　Mon Dieu, queu déplaisi
Qu' m'a donné cheull parti' d' plaisi !

　　Grâce à cheull bleusse, infin
L' bonn' mèr' pardonne à min p'tit quin,
　　Qui m' dit tout bas : Vaurien,
J' pinsos point qu' te mintos si bien !...
　　　Mais t' parti' d' batiau,
　　　N'avot rien d' si biau,
　　　Quand nous y pins'rons
　　　Souvint nous dirons :

　　Mon Dieu, queu déplaisi
Qu' nous a fait cheull parti' d' plaisi !

LA CURIOSITÉ.

COUPLETS SUPPLÉMENTAIRES.

Voir page 13, 2.ᵐᵉ livraison, même volume.

In v'la un fort connu !
Sin visach' joufflu
Dit qu'i mache eun' chique ;
Signal, ch'est sin prénom,
Gross'-Chiqu', sin sournom,
Dieu sait sin vrai nom !
La régie a perdu,
Quand ch'l homme a moru,
Eun' fameuss' pratique,
Car sin pus grand régal,
A ch'l original,
Ch'étot l' *Caporal*,

Ch'ti-chi ch'est *Voyageur*,
Connu comm' facteur
Des lett's d'amourettes ;
Rien qu'à vir sin bâton,
Comme eun' perch' d'houblon,
On r'connot ch' garchon ;
On l' traitot de r'gérot.
Pourtant ch' malin-sot,
Dins l' main des fillettes,
Glichot l' billet conv'nu,
D'un galant cossu....
Ni vu ni connu!

Cheull faijeuss' de café
A l'air débiffé,
S'appélot *Loulette!*
Heureuss', dins ses biaux jours,
Ell' faijot des tours,
A les gins des *cours;*
Mais viell', dins les fourbous,
Pour eun' pair' de sous
Ell' moutrot ses t....
Eh quoi! cha vous surprind?
Au bal combien d' gins
Les faitt'nt vir pou rien !

VOCABULAIRE
POUR SERVIR DE NOTES.

Je préviens le lecteur que ce petit travail n'est pas un dictionnaire du patois de Lille, mais bien un recueil de notes rangées par ordre alphabétique et simplement destinées à faciliter la lecture de mes chansons.

Cet avertissement était nécessaire pour répondre aux personnes qui y remarqueraient de nombreuses omissions, comme à celles qui croiraient devoir blâmer l'admission de termes qui n'appartiennent pas exclusivement à notre patois, mais qui se sont localisés par suite de la fréquence des communications.

A. DESROUSSEAUX.

Acar, (fis d'). Fils d'Archal. Figurément, jambes longues et fluettes. On dit d'un homme peu solide : *I n' tient point sus ses fis d'acar.*

Acater, (v.) Acheter.

Achellier, (s.) Constructeur et loueur de barques. Ce mot pourrait bien venir par une sorte de métaplasme d'*archelier*, constructeur d'*arches*, ou de nacellier par apocope.

Achelle, (s. f.) Buffet simplifié. Il consiste en quelques planches à rebord posées contre la muraille, à côté de la cheminée. Les bonnes ménagères sont toutes fières d'y étaler leurs plats d'étain qui *terluitent*, disent-elles, comme de l'*argint*. On dit proverbialement : *L'ménache est ju d' l'achelle* pour faire entendre qu'il y a de la brouille dans un ménage. Dans le dictionnaire *Rouchi*, on trouve *assièle*, et l'auteur dit que c'est parce qu'on y pose des assiettes. J'en accepte l'origine, mais je maintiens *achelle*, qui est le vrai mot lillois.

Agrippin, (s. m.) Crochet d'une agrafe; l'autre partie se nomme *portelette*, à cause de sa forme qui est celle d'une *petite porte* ronde. Ces mots font partie de la réponse ordinaire à cette question : *Bonjour ! Quemint va-t-i ?— Cha va mieux qu'à l'agrippin, i n' faut point d' portelette.*

Aiwille, (s. f.) Aiguille.

Ajoulier, (v.) Rendre joli; enjoliver une maison par des guirlandes de fleurs, un bonnet par des rubans, etc.

Alfos, (adv.) Parfois; quelquefois.

Ameur, (être in). Etre en émoi; en rumeur; en bonne humeur même, en parlant d'un être collectif. *Tout l' ville est en ameur; on attind l'arrivée d'un prince.*

« *Veyant cha, les gins d' Saint-Sauveur,*
Un quart-d'heure après étoll'nt tou' in
ameur. »

Affronter, (v.) Tromper avec hypocrisie.

Amicloter, (v.) Dodiner un enfant; lui donner des soins affectueux. On le dit pour les grandes personnes, mais on y attache, dans ce cas, une certaine ironie. « *Il a trouvé l' femme qui li faut, ell' l'amiclotera tant qu'i vodra.* »

Anwille, (s. f) Anguille.

Appouchenner, (v.) Avoir de petits soins pour quelqu'un, comme une poule pour ses poussins, dont le patois fait *pouchins*.

Arland, (s. m.) Lambin; maladroit. — Dans la plupart des jeux, ceux qui perdent la partie ont le droit de commencer les premiers, la suivante; aussi leur dit-on en forme de consolation goguenarde : « *Honneur aux arlands !* » On a conséquemment le verbe *arlander* qui signifie lambiner, faire maladroitement une chose.

Atau, (s. m.) Dans le sens général signifie jour de grande fête. M. Hécart le fait dériver *d'ator*, parure, appareil, parce que d'habitude on renouvelle, ces jours-là ses vêtements. Roquefort le définit : *fête natale*, parce que les fêtes de Pâques, Pentecôte, Toussaint et Noël sont quelquefois appelées les quatre nataux.

Attiquer, (v.) Attacher.

Attiquant. Terme du jeu de bouchon. *Juer d'attiquant*, c'est faire en sorte que la *pièce* reste à l'endroit où l'on a eu l'intention de la placer, de l'*attiquer* pour ainsi dire. Ce coup se joue en lançant la pièce de champ.

Avec, s'écrit de trois manières suivant l'enchaînement des mots. *Avé*, *avec*, *avecque*; les lois de l'euphonie exigent ces transformations.

Avule, (s. m.) Aveugle.

Awi, Oui.

Babache (gros). Personne qui a de grosses joues. Sans l'adjectif, *babache* signifie baibaise.

Babenne, (s. f.) Bobine; lèvre. On dit dans ce dernier sens : *Juer des babennes pour manger*.

Babenneux, (s. m.) Ouvrier filtier qui bobine.

Badine (à la), Locution. Marcher *à la badine*, en se tenant par le bras. Nos ouvriers ne se promènent guère de cette façon que les jours de fête, alors qu'ils n'ont qu'un but : le plaisir. Aussi, pour eux, *marcher à la badine*, a le sens de marcher en folâtrant; en badinant.

Badoulet, (s. m.) C'est par ce mot qu'on exprime l'action de se rouler sur l'herbe ou du haut en bas d'un talus.

Badoulette (grosse). Femme qui a de l'embonpoint et l'air plein de santé; on la croit, sans doute à cause de sa rotondité, plus propre qu'une autre à faire des *badoulets*.

Bagcu, (s. m.) Elocution facile; jactance. Locution : *Avec un bon bagou, on s'tire de tout*.

Baie, (s. f.) Jupe, du nom d'une étoffe (siamoise), que l'on fabriquait dans le Nord de la France aux XVI.ᵉ et XVII.ᵉ siècles.

Bajer, (v.) Donner un baiser.

Bajoter, (v.) Donner de petits baisers; baisoter.

Balou, (s. m.) Les mots ne manquent pas en patois pour exprimer la niaiserie, la badauderie, la crédulité, la sottise, eh bien ! le mot *balou* les renferme tous. Non pas tous à la fois, cependant : l'expression *tonale* et celle du geste, déterminent l'acception qu'on lui donne.

Ainsi que l'a fait remarquer M. P. Legrand, il y a entre les Lillois une convention tacite d'en faire une espèce de mot de ralliement lorsqu'ils se trouvent isolés dans un lieu public, hors de Lille. Que dans un théâtre de Paris, par exemple, quelqu'un se mette à crier : *Eh, balou !* il est presque certain qu'il recevra une réponse.

Bambocher, Mener joyeuse vie.

Ban, (s. m.) Applaudissement en cadence imité d'une batterie militaire. Il est d'un usage général, mais à Lille on y a fait de nombreuses modifications. Nous avons le *ban simple*, le *ban redoublé*, le *ban de chiens*, le *ban de chats*, le *ban de canards*, c'est-à-dire qu'en battant la mesure on imite le cris de ces différents animaux. C'est un spectacle assez réjouissant de voir quelle importance ou attache à cet exercice. Celui qui le commande a dans sa prestance, quelque chose d'un tambour-major qu'il représente en effet. Tous les regards sont fixés sur le sien pour y lire le signal de la fermeture du ban. Alors, si, suivant les règles, toutes les mains ont frappé comme une seule main, il s'écrie triomphalement : *Bien !*, *n'y a point d' conscrits !* mais s'il y a un *conscrits*, la punition suit immédiatement la faute. Le conscrit, ou le coupable, comme vous voudrez, monte sur la table, et là, on lui fait boire, très lentement un verre d'eau tandis que ses camarades chantent à l'unisson.

*I va passer par l' trou glou glou
De ma tanturlurette ;
I va passer par l' trou glou glou
De ma tantourlourou !*

Bébé. Ce mot, à lui seul, n'a aucune signification. Lorsqu'il est accompagné d'un qualificatif tel que *biau*, *fameux*, employé comme antiphrase, c'est une sorte d'interjection dépréciative. Ainsi, quelqu'un citera un fait en y attachant de l'importance, on lui répondra pour qu'il en rabatte. *Oh! est un fameux bébé !* Cette locution pourrait venir du nom de Bébé, nain de Stanislas, roi de Lorraine. Bébé est célèbre parmi les nains et son nom doit s'être popularisé chez nous comme partout, vers le milieu du siècle dernier.

Bén ache, (Adj.) Je l'écris en deux mots pour démontrer plus clairement qu'il signifie *bien aise*, mais on prononce *bénache*.

Berleau ou Berliau, (s. m.) Mauvais café.

Berlière, (s. f.) Vieux morceau d'étoffe ; lambeau. S'emploie le plus souvent dans ce dernier sens. *Pantalon à berlières*, en lambeaux.

Bis (faire). Je vous présente une fameuse antiphrase. Vous croyez peut-être que *faire bis* veut dire recommencer une chose ? point. C'est ne pas la faire du tout. Ainsi, faire l'école buissonnière, ne pas aller travailler, c'est *faire bis*.

Bistocache, (s. m.) Cadeau de fête.

Bistoquer, (v) Faire un présent à quelqu'un, le parer d'un bouquet, lui en offrir un.

Bleusse, Menterie. voir *Couleur*.

Bleu-Tot. Littéralement, toit-bleu ; l'un des noms populaires de l'Hospice-Général. C'est une allusion à la couleur des ardoises dont il est recouvert.

Bonne-Friture, Enseigne d'un cabaret situé au pont de Canteleu. C'est là le point de réunion des promeneurs en barquettes sur la rivière du *Grand-Tournant*.

Bougonner, (v.) Gronder, grommeler.

Bourler, (v) Tomber d'une manière risible ; en roulant. — Jouer à la boule.

Boursiau, (s. m.) Bosse à la tête causée par le choc d'un corps dur.

Bradé, (adj.) Gâté, usé, détérioré. On dit *infant bradé*, pour *enfant gâté*.

Brader, (v.) Gâter, au moral comme au physique.

Braderie, (s. f.) Si nous n'écrivions que pour des Lillois, l'explication de ce mot serait inutile. Aux étrangers, nous dirons que c'est le nom d'une de nos plus grandes fêtes populaires ; ce jour-là, il n'y a pas plus de vingt ans, notre ville était convertie en un vaste *temple* : chaque habitant vendait ou faisait vendre à sa porte des vêtements ou autres objets surannés. Ce n'était point l'amour du lucre qui guidait nos concitoyens en cette occasion, mais bien le désir de se conformer aux règles d'un vieil usage. Hélas, la braderie s'en va, elle meurt dans les échoppes des fripiers qui s'en sont emparés pour la faire tourner à leur bénéfice.

Brandvin, (s. m.) Eau-de-vie ; mot flamand avec la prononciation française.

Brelles, (s. f. p.) Mèches de cheveux raides et mal peignés.

Brond'ler, (v.) Tomber en roulant.

Bronser, (v.) Trembler ; avoir grand'peur ; redouter une chose.

Broquelet, (s. m.) Petite broche ou fuseau dont se servent les dentellières. De là vient le nom de leur fête.

Broutter, (v.) Brouetter. Figurément, ne plus savoir se *broutter,* c'est n'être plus en état de se conduire.

Buquer, (v.) Frapper.

Buresse, (s. f.) Buandière. Nous avons logiquement conservé les vieux mots français : *Burie,* buanderie, et *buer,* lessiver, blanchir et nettoyer le linge.

Busier, (v.) Penser, réfléchir profondément ou mélancoliquement.

C. Dans une très-grande quantité de mots français commençant par *ch,* le patois n'admet que le *C.* Par contre, là où le français n'emploie qu'un *C,* il introduit un *H.* La nomenclature des mots où ces transformations s'opèrent tiendrait beaucoup trop de place, je n'en donnerai que quelques-uns.

Caine, chaîne; *calit,* chalit, *cambre,* chambre, *capiau,* chapeau, *candelle,* chandelle, etc.; *chinq,* cinq; *cheinture,* ceinture; *chivière,* civière, *machon,* maçon

Cacher, (v.) Chercher.

Cacher-Perdu. Locution. *Cacher-perdu* quelqu'un, c'est l'obséder, le tracasser, le mettre aux abois. S'emploie ordinairement adjectivement. Qu'un bon filtier voie jouer le *Barbier de Séville* : à la scène où l'on veut prouver à Basile qu'il a la fièvre scarlatine, il s'écriera : *Ch' pauvre homme est caché-perdu !*

Cafiau ou **Caf'tiau.** Café très-faible

Cafotin, (s m) Étui pour renfermer des épingles et des aiguilles.

Cairesse (s. f.) Loueuse de chaises dans une église.

Canarien, (s. m) Canari, serin.

Canchon-Dormoire. Chanson que disent les femmes pour endormir les enfants :

« *Dodo mamour,*
Des souliers de v'lours,
Des souliers de maroquin,
Dors min p'tit pouchin, »

ou quelque autre du même genre. Par extension, les paroles inintelligibles que prononcent ordinairement les enfants en s'endormant, s'appellent aussi *Canchon-Dormoire.* — Ma chanson qui porte ce titre est une de celles qui ont obtenu le plus de vogue, aussi m'a-t-on fait l'honneur d'en critiquer le deuxième couplet qui commence ainsi :

« *Et si le m' laich' faire eun' bonne*
                                semaine,
J'irai dégager tin biau sarrau,
Tin patalon d' drap, tin giliet d' laine...

On a prétendu qu'un enfant au berceau ne porte ni sarrau, ni pantalon, ni gilet, et qu'ainsi ce couplet est un non-sens.

Je répondrai à cette assertion que le sarrau dont il s'agit n'est pas comme on semble le croire, la lourde blouse que portent les rouliers, par exemple, mais bien un vêtement d'étoffe légère, à manches, que l'on nomme aussi *gole* ; que le *giliet d' laine* est un large vêtement appelé communément *tricot* et dont la forme ne ressemble nullement à celle de nos gilets; que le pantalon de drap, enfin, est au *petit Narcisse* ce que le pantalon de percale, garni de dentelle, est aux enfants de bonnes maisons. Or, si l'on admet que mon *héros* est âgé de deux ou trois ans, il n'est pas étonnant que sa mère lui promette de l'habiller ainsi tout en le berçant pour l'endormir.

Candelliette. (s. f.) Quand l'eau se congèle au fur et à mesure qu'elle s'écoule des gouttières, il en résulte des glaçons qui, par leur forme, ont quelque analogie avec des chandelles; de là *candelliette.* Petite chandelle. — On appelle aussi *candéliette,* l'action de pousser du pied un individu qui nous devance en glissant sur la glace.

Canette, (s. f.) Pot d'étain de la contenance d'un litre.

Capon, (s. m.) La signification de ce mot est tout autre que celle de son homonyme français, et a une plus grande étendue. Non seulement *capon* ne veut pas dire *poltron,* mais il résume tous les défauts, tous les vices;

l'ivrogne qui bat sa femme en sortant du cabaret, *capon*; le charlatan qui promet d'extraire une dent *sans mal ni douleur*, capon; celui qui fait des dettes, qui trompe les filles, celui qui se bat régulièrement tous les dimanches et fait dire de lui qu'il ne craint *ni vint ni orache* (ni Dieu ni diable, *capon*, *capon*, *capon*, ce n'est que pour éviter les redites qu'on emploie de temps en temps son diminutif *capenoul*. Et ce n'est pas tout encore, passant du grave au doux, ce mot est parfois la qualification du *mauvais sujet* que les femmes aiment tant, et la mère qui câline son enfant, lui dit avec un accent de tendresse maternelle : *Viens p'tit* CAPON, *viens faire babache à mémère*.

Capot, (s. m.) Vêtement de femme. C'est un simple corsage avec manches et bavolet. Vient de *caput*, tête, parce qu'originairement ce vêtement avait un capuchon.

Catou, (s. f.) Poupée. — Mot d'amitié que certains maris adressent à leurs femmes, comme d'autres leur disent *ma chatte*. — Fille de mauvaise vie. — Cela prouve une fois de plus qu'un mot n'a de valeur que celle qu'on lui donne.

Cauche, (s. f.) Autrefois chausse; maintenant bas ou chaussette. On dit d'un homme qui court les fillettes qu'il aime les *courtes cauches*.

Cayère, (s. f.) Chaise ; par abréviation *caire*.

Cazinette, (s. f.) Etoffe de laine à raies de différentes couleurs ; elle fut d'un grand usage à Lille pour les jupons de femmes ; elle est encore en vogue dans nos villages.

Ch. Le *ch* se substitue quelquefois à l's simple et à l's double. Sirop, *chirop* ; sifflet, *chifflet* ; sabot *chabot*, poussin, *pouchin*; hérisson, *hérichon*,

Ches, (pron. démonst.) Ces.

Chifflotiau, (s. m.) Petit sifflet; flageolet, flûte, fifre.

Chin, (pron. démons.) Ce. *V'la chin qu' chest!* Voilà ce que c'est.

Chintes, (s. f.) Cendres.

Ch'l. Abréviation de *cheull*, (pr. dém.) cet ou cette. Il s'écrit ainsi chaque fois que le mot qui le suit commence par une voyelle ou une *h* muette : *Ch'l habit, ch' l'armoire, ch'l infant*.

Chochon, (s. m.) Diminutif de garchon. Mot amical signifiant : Bon luron, franc camarade. Au fém. *Chochonne*. On dit d'une femme qui aime les plaisirs du cabaret :
« *Ch'est eun' bonne chochonne,
Elle aime mieux un p'tit verre qu'eun' pronne.*

Chos et Choisse. Abréviations de François et Françoise.

Chuchette, (s. f.) Sucette. Morceau de toile dans lequel on met du pain trempé dans le lait et que l'on fait sucer aux enfants en l'absence de leur nourrice.

Clainner, (v.) Pencher ; incliner. On dit proverbialement : *I clainne du coté qui veut quaire*. Il penche du côté qu'il veut tomber.

Cliquant. En parlant d'un vêtement neuf, qui a encore tout son apprêt, on dit qu'il est tout *cliquant nué*. C'est sans doute une altération de *clinquant*.

Cloque, (s. f.) Cloche ; pendant d'oreille qu'on appelle aussi *pinderlot*.

Cloquettes, (s. f. p.) Clochettes. Donner les cloquettes à quelqu'un, c'est lui administrer des coups de genoux au derrière. (On est censé faire lever des cloches.) C'est ainsi que les enfants punissent ceux d'entr'eux qui trichent au jeu. Cette correction a lieu en chantant un refrain que je ne transcris pas... par respect pour les mœurs.

Cocodac, (s. m.) Œuf. Onomatopée du cri des poules.

Cognac de Saint-Sauveur. Manière drôlatique de désigner le genièvre.

Coinne, (s. f.) Imbécile.

Colas. Alphérèse de Nicolas. — Geai. — Niais.

Coquille, (s. f.) Gâteau de Noël.
Cotin, (s. m.) Feu de petite braise.
Couleur, (s. f.) Mensonge. Ce mot est maintenant employé partout, à Lille, on dit plus souvent *coule* qui en est une abréviation, et, comme si l'on voulait déterminer la couleur de la *couleur*, on emploie *bleusse* dans le même sens.
Coulon, (s. m.) Pigeon. — On désigne vulgairement le cimetière de Lille par cette périphrase : *L' mason Coulon*, en souvenir d'un individu de ce nom qui en a été longtemps le fossoyeur. C'est du reste un vieux mot français dont on a conservé le composé : Coulombier.
Couque-baque, (s. f.) Sorte de crêpe assez légère; de l'allemand *kucken-backen*, pâtissier. Il serait mieux d'écrire *kouke-bake* pour démontrer plus clairement l'origine de ce mot, je ne le fais pas dans le but de lui conserver son analogie orthographique avec les autres mots.

Une dame Dubois qui a fait sa fortune en vendant ce comestible, a eu l'honneur d'être citée dans la chanson du *Filtier Lillois*, dont l'auteur a modestement gardé l'anonyme.

Il mange au moins six fois par mois
Sa fin' couq'-baq' chez mam' Dubois.

Nous avons depuis une trentaine d'années, un établissement du même genre et non moins célèbre. Il a pour enseigne *quatre marteaux* de tonnelier, qui témoignent de la profession qu'exerçait son fondateur.

Coussin, (s. m.) Métier ou carreau de dentellière. Le fond et le cadre de ce petit métier sont en bois; le dessus en étoffe légère; on le remplit de son pour que les épingles puissent y pénétrer aisément et afin qu'elles ne rouillent pas. Comme on le voit, c'est un véritable coussin. Dans une pasquille de Brûle-Maison, il est parlé d'une *danse du coussin* que je ne connais pas, mais je sais qu'autrefois, lorsqu'une dentellière se mettait en promesse de mariage, les voisines allaient à sa rencontre en portant *sa chaise et son coussin ajoulés*. Cette cérémonie se terminait par des chants et des danses.

Couyonnate, (s. f.) Plaisanterie.
Crache (La). Terme du jeu de quenecque. Quand un joueur a perdu tout ce qu'il possédait de billes, son adversaire est tenu de lui donner *la crache*, autrement dit un *coup de grâce* dont il fournit seul l'enjeu, qui devient la propriété du perdant s'il gagne ce coup.
Craché, (adj.) On dit qu'un portrait est *craché* lorsqu'il est ressemblant, en d'autres termes, cela signifie que l'original et la copie se ressemblent comme deux crachats.
Craquettes, (s.f.p.) Morceaux de gras de lard qu'on fait griller sur une poêle et qui croquent sous la dent.
Croche-Pied, (s. m.) Croc en jambe.
Crojette, (s. f.) Alphabet ou petite brochure contenant les premiers principes de la lecture. On le nomme ainsi à cause d'une petite croix qu'il a ordinairement sur la couverture. Pour bien se rendre compte de cette définition, il faut se rappeler que le *j* se substitue assez souvent à *l's*. Ainsi, *crojette*, sans cette substitution, deviendrait *crosette*, de là à *croisette* (petite croix), il n'y a pas loin.
Croque-Poux, (s. m.) Groseille verte ou à maquereaux.
Croucrou (à). Etre accroupi, assis sur les talons. On marche aussi *à croucrou*.
Dà, Particule affirmative employée pour *sais-tu, savez-vous. J'irai là-bas, dà! j'ai eu bien peur, dà!*
Daquoire, (s. f.) Pluie bruyante, abondante. Formé par onomatopée du bruit que produisent de larges gouttes d'eau et dont les mots *daq, daq, daq*, peuvent donner une idée.
Daron, (s. m.) *Mari* ou plutôt, *maître du logis*. C'est en plaisantant qu'un homme dit *daronne* à sa femme. On admet assez généralement que

c'est une corruption du mot baron, mais ce pourrait être aussi la transformation de l'anglais, *dear*, cher.

Dé. Cette particule est souvent employée inutilement. Ainsi, un jouet qui *buque* est appelé *débuquo*; se lamenter fait *délaminter*; bout, *debout* puisque nous avons encore une rue dont la plaque porte : *du CourtDebout*. Un individu habillé de loques est appelé *déloqueté*.

Déblayer, (v.) Déblayer. Opposé d'imblaver.

Déblouquer, (v.) Déboucler. Locution métaphorique. *Déblouquer sin cœur, sin capelet, s' litanie,* c'est dire franchement tout ce qu'on pense; tout ce qu'on a sur le cœur. On ôte la *boucle*, pour ainsi dire, afin que les mots sortent plus facilement.

Déclaquer (rire à). Eclater de rire.

Dégrioloire, (s. f.) Glissoire sur la glace.

Dépicher, (v.) Réduire en pièces, en morceaux; dépécer.

« *Min frère a batillé, on li-a tout dépiché sin nez.* »

Dévisager, (v.) S'emploie au figuré. Dire qu'une personne est laide, c'est la dévisager.

Dintelé, (s. m.) Dentelle.

Dints (avoir tous ses). C'est être prompt à la réplique.

Dorse, (v. f.) Voir quenecque.

Dragon, (s. m.) Cerf-Volant. Au figuré *Faire voler sin dragon,* c'est s'adonner au plaisir, en mésuser. Que de femmes disent en se plaignant de la retenue que l'usage impose à leur sexe :

Ah ! si j'étos garchon,
Comme j' fros voler min dragon !

Vient certainement de l'allemand *drachen*, qui a la même signification et qui désigne aussi l'animal fabuleux, animal volant à longue queue.

Drochi. Ici, en cet endroit-ci. Comme dans quelques-unes de nos campagnes on dit *drouchi*, on a, par l'effet d'une aphérèse, désigné sous le nom de *rouchi*, le patois qui se parle dans le Nord de la France. Cette dénomination ayant excité la critique de notre savant compatriote, M. Emile Gachet, dans une lettre qu'il m'a adressée à propos de mes chansons, je vais transcrire ici le passage qui y est relatif. « Le langage lillois, dit-il, dont vous vous occupez, est un dialecte de la langue d'oïl et il a été rangé, par M. Hécart, dans le *rouchi*. Je n'aime pas beaucoup cette dénomination qui, au fond ne signifie rien. C'est, dit-on, le langage que l'on parle *drou-chi;* mais à ce compte, il faudrait que les autres dialectes fussent du langage *rou-là,* puisqu'ils sont parlés droulà. Et puis les Lillois prononcent *drot-chi, drot-là,* faudrait-il que nous appelions leur dialecte le ROCHI ? tout cela est absurde. J'aimerais mieux désigner tous les patois du Nord sous le nom de Wallon; et, s'il me fallait spécialiser, j'appellerais volontiers notre langage, la langue d'*awi*, comme on dit la langue d'*oïl*, la langue de *si*, etc.)

Drot-là. Là; en cet endroit-là.

Droule, (s. f.) Masque qui court les rues. On appelle aussi *droule* une femme de mauvaise vie, et, dans cette dernière acception, il a pour diminutifs drouliète et droulion. — Droule est de plus une interjection, un cri de carnaval correspondant à *chi-en-lit* employé à Paris et dans quelques provinces.

Ducasse, (s. f.) Contraction de dédicasse. Fête anniversaire du jour où une église a été consacrée. Beaucoup semblent avoir oublié l'origine de ce mot, mais la chose est toujours fort en usage. C'est une petite foire paroissiale où les marchands de pain d'épices et de bimbeloterie abondent; les spectacles forains y sont assez rares; les chevaux de *bronze* sur lesquels se pavanent des amazones en tablier de *cotonnette* y continuent plus que jamais leur course au son de l'orgue de barbarie. On danse à cette occasion dans les sociétés et l'on met la *poule au pot* dans les plus pauvres ménages.

Quelques ducasses de Lille ont des noms particuliers; celle de Saint-Maurice est appelée ducasse *à berlières*, (voir ce mot) parce qu'elle vient en même temps que la Braderie; celle de la Magdeleine n'a pas d'autre nom que *Mad'leine bréoire*. On n'entend pas, croyez-le bien, faire allusion aux larmes de repentir qu'a versées la sainte; c'est parce qu'ordinairement il pleut le jour de cette fête. Celle de Saint-Etienne et de Saint-Sauveur sont encore appelées, la première, *ducasse à p'tits pieds*, la seconde, *ducasse à-z-oches à moule* ou *à carottes*. N'oublions pas de mentionner que celle du village d'Hellemmes a le sobriquet de *ducasse à bleues-biecs* parce qu'elle a lieu dans le mois de novembre et, qu'à cette époque le froid est assez intense pour bleuir les lèvres de ceux qui vont s'y promener.

Écour, (s. m.) Correspond au français, giron. (Voir Lafontaine, l'Aigle et l'Escarbot, liv. II, 8.

L'oiseau..........
Dépose en son *giron*, ses œufs.

C'est, dans la personne assise, l'espace entre les genoux et la ceinture et qui offre à l'enfant un siége naturel.

Écourcheux, (s. m.) Tablier.

Éduquer, (v.) Donner de l'éducation. On dit plaisamment d'un homme instruit, qu'il a de *l'induque et d' l'instruque*. *Induque* ne se dit que dans cette locution, c'est sans doute pour la rendre plus drôlatique.

Éhou, d'où doit être formé *huer*, est un cri pour faire honte. On dit aux enfants qui pleurent : *éhou, éhou, bréou !* Une personne qui vient de faire une action blâmable est poursuivie jusque chez elle par de formidables *éhou* que profèrent les témoins de sa faute. On chante encore ce refrain :

Ehou, éhou grande sotte !
Ell' ju incor à marotte,
Ell' pinse à s' marier,
Ell' ju incor à poupée.

Émonté, (s. m.) Marche d'escalier; montée par aphérèse.

Émouquettes, (s. f.) Mouchettes.

Enon. Locution interrogative. *N'est-ce pas ? Vous m'aimez bien, énon petit ?*

Étrive ou **Étrivette**. Dans le livre des coutumes de Lille, de Roisin, commenté par M. Brun-Lavainne, on trouve qu'*étrif* signifiait guerre, querelle. Ces acceptions ne sont pas tout à fait perdues pour nos gamins. En effet, ils appellent *étrive* ou *étrivette*, celui qui, trichant au jeu, suscite une querelle, laquelle finit par une batterie en règle si le délinquant n'est pas de ceux qui reçoivent paisiblement les *cloquettes* (voir ce mot), comme une juste punition de leur faute.

Fachenne, (s. f.) Tout ce qu'on emploie pour emmaillotter un enfant.

Faraut (aute). Personne bien mise, qui soigne sa toilette.

Fauque, (adv.) Seulement, rien que... *Min père, donnez-m' des poires!* — Tiens, in v'là tros. — *Fauque tros?* rien que trois; seulement trois.— S'emploie aussi, dans un sens affirmatif. Si quelqu'un dit : *Je n'aime point les gauques !* Celui qui les aime dira : *Fauque mi*.

Femme. Se prononce *faimme*.

Fi, (s. m.) Foie.

Fichau, (s. m) Fouine. Figurément, cette locution : *Malin fichau*, équivaut à celle-ci : Malin comme un renard.

Fien, (s. m.) Fumier ; par extension, toutes sortes d'immondices placées en tas sur la voie publique.

Fieu, (s. m.) Fils.

Filtier. Le filtier a été de tout temps le type de l'ouvrier rangé, économe et soigneux. Ne gagnant qu'un salaire inférieur à celui des autres ouvriers de fabrique, il s'est toujours distingué d'eux par une mise moins délabrée, par l'ordre et la propreté qui régnaient dans son intérieur. Je dis, *a été*, parce qu'en effet, il n'existe presque plus. Les changements qui s'opèrent depuis quelques années dans son industrie, lui font prendre aussi de nouvelles allures. Néanmoins, on peut encore se faire une idée de ce qu'était le filtier par ce qu'il en reste. Si le matin vous rencontrez des individus revêtus de capotes à sous-pieds ; de vestes proprettes mais rapiécées d'étoffe d'une autre nuance; de pantalons raccourcis par la lessive ; de gilets *à la chevalière*, avec une ribambelle de boutons en cuivre, ayant pour la plupart des numéros de régiments ; s'ils ont pour chaussure des souliers cirés ou des sabots *d'une extrême* blancheur (on les écure plusieurs fois la semaine); pour coiffure de vieilles casquettes de drap ou de loutre chauves; des bonnets de police, vieux compagnons d'une époque de gloire; pour cravattes, des mouchoirs de poche; s'ils portent sous le bras, comme un lycéen ses livres, des tartines soigneusement enveloppées dans des billets de mort; si, d'une main, ils tiennent des *charlets* de ferblanc contenant soit une décoction de tilleul, soit de petit-lait, dites avec assurance : Voilà de vieux filtiers !

En général, les filtiers sont laborieux et ingénieux, ou plutôt (ce mot patois rendra mieux ma pensée) ils aiment à *manoquer*. Celui-ci est barbier le dimanche ; celui-là vend des macarons; d'autres raccommodent des souliers, des pendules, font des ouvrages en cheveux. Ceux qui savent écrire sont *valets de société* ou *faijeux d'lettes*.

Les anciens filtiers épousaient toujours des dentellières, il y avait entr'eux sympathie de goûts et de caractère. Leurs enfants, dès l'âge de cinq ans, étaient *époulemans* jusqu'à ce qu'ils eussent fait leur première communion. Alors, ils bobinaient *au fraique*, allaient à l'école dominicale à l'heure de midi, devenaient filtiers, enfin, et se réglaient en toutes choses sur *ce qu'avaient fait leurs pères*. Maintenant que l'épouleman est mort et l' babenneux au fraique à l'agonie, les filtiers envoient leurs enfants à l'école... quand ils ne peuvent pas faire autrement ; dans le cas contraire, ils leur font faire des *busettes* ou des *nœuds de fil* jusqu'à ce qu'ils aient l'âge requis pour être successivement *ratiaux*, rattacheurs, puis fileurs ou dévideurs... Vous voyez qu'il n'y aura bientôt plus de filtiers !

Les filtiers, malgré leurs éminentes qualités, sont souvent en butte aux sarcasmes de leurs concitoyens. On les appelle *lapins d' guernier*, parce que leurs ateliers sont des greniers qui, par la forme de leurs croisées, ressemblent aux cahutes de ces quadrupèdes ; *philosophes*, parce que de leurs ateliers ils peuvent facilement étudier les astres ; *Mazéquettes*, je ne sais pas pourquoi. Ces épithètes, dans leur sens propre, ne sont pas injurieuses, mais elles le deviennent intentionnellement. Si des fileurs, par exemple, veulent plaisanter un de leur camarades, ils lui disent qu'il a *l'air d'un filtier*. Il n'en faut pas davantage pour le fâcher... si un individu est minutieux, s'il s'occupe des affaires de ménage, on l'appelle *Babennot, Cath'leine*, ou *compteu* d' tartennes; ces mots sont synonymes. Enfin, on entend dire souvent par une rattacheuse, qu'elle ne voudrait pas épouser un filtier... Il y aurait mésalliance !

Fin, (adv.) Très, extrêmement, *fin biau; fin laid*.

Fisque (faire), C'est faire quelque chose qu'un autre ne peut faire. *Faire du piche* a la même signification.

Flo (A). Faible, mou, débile, fade. De là l'épithète de grand *floïn*, qu'on adresse à un homme grand et mou, qui a l'air de *floïr* (faiblir) sur ses jambes.

Fouffe, (s. f.) Chiffon. Dans un sens général, objets sans valeur. Contradictoirement, *faire ses fouffes*, c'est tirer bon parti d'une affaire, d'un marché.

Fouffelle (être in), Être en émoi, très-affairé.

Fraiquir, (v.) Rendre frais ; mouiller.

Fraso, (s.m.) Ustensile de ménage. Plat de bois rempli de trous pour écouler l'eau qu'on y verse en même temps que des légumes qu'on vient de retirer du feu.

Frime, (s. f.) Subterfuge.

Frioler, (v.) Glisser d'une façon particulière : en rasant le sol et faisant de petits sauts. Ne se dit que des choses — Au jeu de *galoche* jouer de la *friolate*, c'est lancer le palet en le faisant glisser de cette manière depuis la portée du bras jusqu'au bouchon.

Fromache de blanc-caillo. Ce fromage indigène doit son nom à sa couleur qui est celle d'un *caillou blanc*. Il n'est pas inutile de remarquer que, comme en allemand, nous mettons presque toujours l'adjectif avant le substantif. Ainsi, nous avons les cours du Vert-Lion, du Vert-Debout; les rues du Vert-Bois, du Court-Debout; les enseignes du Rouge Bouton, de la Grasse-Vache, etc.

Un ami me fait observer que, de même qu'on dit un caillot de sang, on peut bien dire un *caillot* de lait; que ce fromage étant par le fait du lait caillé, ce mot n'a sans doute pas d'autre origine. Cela peut être ; mais dans ce cas, le complément *caillot* serait applicable à la plupart des fromages.

Futé, (adj.) Fin, rusé, adroit.

G. Cette lettre se substitue quelquefois au C et au J. Ainsi, *cabriole*, *cabriolet*, *cadran*, etc. *Jambage*, *jardin*, etc., font *gabriole*, *gabriolet*, *gadron*, *gambache*, *gardin*. Elle se change en Q dans les finales *gue*. Blague, fait *blaque*; en *ch*. dans la terminaison muette *ge*. Bruge, fait *Bruche*.

Gadoux (z-yeux). *Faire les yeux gadoux* se dit pour faire les yeux doux. On a *les yeux gadoux* lorsqu'ils restent entr'ouverts par suite d'un trop bon diner, où que l'on n'est qu'à demi éveillé.

Gadru, (s. m.) Sorte d'altération de *gas*, *gars*, *garçon*.

Galoche. Jeu de bouchon.

Galuriau, (s. m.) Du français *godelureau*, chercheur d'amourettes.

Gasconner, (s') (v.) Faire le beau parleur ; employer des mots patois mais en les francisant. Les *gasconneux* se garderaient bien de dire Un *fraso*, un *curo*, un *débuquo*, un *bersie*; mais ils disent très-bien en pinsant les lèvres. Un *frasoir*, un *curoir*, un *débuquoir*, une *bersile*, ou plutôt *bresile*.

Gasconneux. Ne pas confondre avec le conteur de *gasconnades*; le *gasconneux* est celui qui fait le beau parleur.

Gaspiau, (s.m.) Terme de mépris; dire à un homme *gaspiau*, cela équivaut à le traiter de gamin.

Gauque, (s. f.) Dans le sens propre signifie noix; au figuré et par onomatopée, c'est un soufflet des deux mains placées de manière à former un creux et dont la sourde détonation ressemble assez au bruit que fait une noix lorsqu'on la croque. Cette *plaisanterie* est surtout en usage dans nos ducasses.

Gendarme, (s. m.) Manière burlesque de désigner le hareng-saur.

Glafe (à). A profusion, très-fortement. «Cette locution, dit M. Legrand; *il pleut à glaves*, répond à celle-ci : *il pleut des hallebardes*, de *gladium*, glaive, épée.» On dit aussi : *Braire à glave*, *rire à glave* (rire aux larmes).

Gogu, (adj.) Gai; content, en goguette.

Gourdaines, (s.f.p.) Espèce de fronton avec des anneaux auxquels on attachait des rideaux lorsqu'on faisait usage de tours de lits.

Graingner, (v.) Grimacer, guenarder. On appelle un grimacier, *graignard d'apothicaire*, en souvenir des bustes grotesques que ces marchands avaient coutume de placer autrefois devant leurs officines.

Graissier, (s.m.) Autrefois, le graissier ne vendait que la graisse des bestiaux qu'il engraissait. On nomme aujourd'hui *graissiers*, les petits épiciers.

Gramint. (adv.) Beaucoup; grandement.

Grand-Queva. Littéralement, grand cheval. Sobriquet d'un individu que j'ai célébré dans ma chanson de *la Curiosité* et qui jouait du violon d'une manière étrange. Plusieurs bons violonistes essayèrent en vain de jouer comme lui la marche de *Lodoïska ou les Tartares*.

Grand-Tournant. Nom d'une rivière située au faubourg de la Barre.

Grippette, (s.f.) Méchante fille; hargneuse. — *Serpette*, a la même signification.

Gros-Mort. Décédé qui avait de la fortune et dont la cérémonie funèbre est faite avec pompe. Aux yeux des indigents, pour être un *gros mort*, il faut au moins leur laisser une distribution de pain.

Gruo, (s. m.) Giboulée; pluie soudaine. *Un gruo d' mars*.

Guéole, (s.f.) Cage; de geole, prison.

Guiller, (v.) Se dit pour couler lorsqu'il s'agit d'une matière épaisse comme suif, mélasse, par imitation de la levure de bière ou la *gée* que nous nommons *gui. Guiller*, c'est donc couler comme du *gui*. Les *ll* ne se mouillent pas.

Hardi ! Exclamation pour encourager ceux qui se querellent ou qui se battent.

Imblaver, (v) Embarrasser un lieu; y mettre le désordre. On dit qu'un homme est un *imblaveux* quand il n'a point d'ordre; qu'il fait d' l'*imblavé*, lorsqu'il attache de l'importance à une chose futile.

Imborgneux d' puches. Nigaud, maladroit.

Infachenner, (v.) Emmailloter.

Impoisse, (s. m.) Empois.

Insenne. Ensemble.

J. Cette consonne remplace très-souvent *l's. Oiseau, prison, tison*, font *ojeau, prijon, tijon*.

Jacques. Nom qu'on donne à polichinelle dans nos théâtres de marionnettes — Bien des gens vont se demander où l'on trouve à Lille des théâtres de marionnettes. Eh bien ! que ces personnes se donnent la peine de parcourir le quartier Saint-Sauveur ou les environs de la place aux Oignons, le dimanche ou le lundi soir, en hiver, elles entendront des gamins les inviter à une représentation par cette phrase consacrée : *Venez vir ! venez voir la comédie pour un liard !* Que, si elles répondent à cet appel, on leur désignera une cave où, pour deux liards, elles feront connaissance avec *Gros-Jacques*, qui leur dira ainsi qu'aux autres spectateurs : *Un p'tit doupe pou Jacques !* et comme il trouvera peu de gens disposés à augmenter bénévolement le prix de leur entrée, elles le verront recevoir des morceaux de sucre, des fragments de tartines ou de couques-baques, et même des ronds de carottes ainsi que le fait le *petit Narcisse*, dans l'*Canchon-Dormoire*.

Jappe, (s m.) Babil. Celui qui parle beaucoup a une bonne jappe.

Ju. Jeu; *point*, au jeu de cartes. *Ju*, s'emploie aussi comme participe passé du verbe *choir*, tomber. C'est une transformation du *ch* en *j*. On dit dans ce sens : *l' ménache est ju d' l'achelle*, pour dire qu'il y a de la brouille dans un ménage.

Kerchir, (v.) Chiffonner, plisser, rider.

Kerchi, (p.p.) Chiffonné. *Un moucho kerchi*.

Lachoire, (s. v.) Tricoteuse.

Lainneron, (s. m.) Partie des langes d'un enfant; ainsi appelé parce qu'il est fait d'étoffe de laine.

Lari, (s. m.) Hilarité; gaîté. Aimer *l'lari*, c'est aimer et rire.

Leunettes, (s.) Lunettes; certain geste que les Parisiens nomment *pied de nez*.

Liache, (s. m.) Lacs; nœud coulant pour prendre des oiseaux et du gibier.

Lilique. Nom propre ; contraction d'Angélique.

Lincheux, (s. m.) Linceul. Toute espèce de linge, depuis le drap mortuaire jusqu'aux langes de toile des enfants.

Liquette. Nom propre; diminutif de *Lilique*.

Lommelet. Nom d'un village où il y a un asile d'aliénés.

Lon, (adv.) Loin.

Lot, (s. m.) Double litre de cabaret.

Lombard. C'est encore le nom populaire du Mont-de-Piété et de ses succursales. On désigne la maison mère par *grand Lombard* et les autres par *petits Lombards*.

Lozard (de) (s.) Paresseux.

Mac-Avule, (s. des deux genr.) — Qui voit mal ; myope, mais surtout celui dont les yeux sont ordinairement chassieux.

Mache, (adj.) Etre méchant, courroussé.

Maflant, te, (adj.) Ennuyeux, ennuyeuse, ne se dit que des personnes. Pris substantivement, il signifie de plus, importun, facheux.

Mafler, (v.) Ennuyer, fatiguer quelqu'un par des paroles, des démarches inutiles, importunes.

Magas (parler). C'est le bégaiement des enfants. A Douai et Valenciennes, on dit : parler gaga.

Mahou et Matou (s.m.) Damoiseau, godelureau.

Majemint, (adv.) Mal. Un ouvrage *magemint* fait; *i va magemint*. il va mal.

Manoqueux, (s. m.) Individu qui exerce plusieurs professions. Ainsi, le filtier qui, le dimanche, fait des barbes à six liards, ou qui raccommode des pendules de bois, est un manoqueux. — On a le verbe manoquer.

Ménesse, (s. f.) Vieille femme.

Ce mot appartient à l'argot, mais comme il s'est introduit dans notre dialecte et que je l'ai employé, j'ai dû le placer ici. Cette explication donnée, je me dispenserai d'indiquer les mots qui sont dans le même cas, car, comme je l'ai déjà dit, ceci n'est pas un dictionnaire du patois de Lille, mais bien une espèce de recueil de notes

Mie. Particule négative. Pas; pas non plus. Deux sœurs n'avaient qu'un joli bonnet qu'elles mettaient à tour de rôle. L'une d'elles se plaignit d'avoir passé un dimanche sans le mettre ; l'autre, qui était dans le même cas, lui répondit : Je n'*l'ai* MIE MIS MI, MIMIE ! C'est-à-dire : Je ne l'ai pas mis non plus, moi, Mimie.

Mioche, (s. m) Jeune enfant. Prononcez *mi-oche*.

Mordreur, (s. m.) Meurtrier; assassin; de l'allemand, *morder*, qui a la même signification. S'emploie aussi au participe passé. Etre *mordri* de coups, c'est être fort contusionné; meurtri.

Mitan. Moitié, milieu.

Mouchon, (s. m.) Moineau; à cause sans doute que cet oiseau se nourrit de mouches.

Mouffes, (s. f. p.) Gants fourrés. — Donner à un amoureux, ses mouffes, c'est le congédier.

Mourmoulette, (s. f.) Moule, coquillage de mer ; par imitation, gros crachat blanc.

Moutarde (courir à l'). Faire une course ridicule, être mystifié.

Moute, (s. f.) Montre. Devant de boutique où les marchands étalent leurs marchandises.

Muches, (s. f.) Cachette.

Mucher, (v.) Cacher. C'est le vieux mot français, *musser*, avec la prononciation locale.

Muche-tin-pot (à). Loc. prov. En cachette. Du vieux français, *musser*, cacher.

Noquère, (s. f) Gouttière.

Oche, (s. m.) Os.

Ochennoire, (s. f.) Berceau.

Œué, (s. m.) Œuf, Monosyllabe.

Œuillarde, (s. f.) Œil poché.

Pa. Abréviation de la prép. *par*, l'oreille l'exige lorsque le mot qui la suit commence par une consonne dure; il en est de même de la préposition *pour*.

Pacus, (s. m.) Magasin où l'on dépose les marchandises qui doivent être vendues au marché.

Panchette, (s. f.) Dim. de *panche*; petite panse. — Viande, morceau de la panse du cochon.

Paroli, (s. m.) Parlage; langage propre à un individu ou aux habitants d'une contrée.

Parrainnache, (s. m.) Littéralement, union d'un parrain et d'une marraine, comme mariage pour l'union d'un mari et de sa femme, mais la cérémonie du baptême, le repas pour ainsi dire obligatoire en cette occasion, et les incidents qui s'en suivent, font partie du *parrainnache*.

Pasquille, (s. f.) Ce mot vient évidemment de pasquil ou pasquinade, satire. Dans le sens lillois, il ne signifie plus que *récit* ou *scène dialoguée*.

Pauverieu, (s. m.) Pauvriseur; distributeur de secours aux indigents.

Penoule, (s. m.) *Capenoul*, diminutif de capon.

Pichou, (s. m.) Partie extérieure du maillot d'un enfant. Il est fait ordinairement d'un tissus de laine très-grossière et spongieuse. Aussi, par analogie, toute étoffe commune ayant cette propriété est appelée *pichou*.

Planche, (s. f.) Bourde; mensonge.

Platellette (marchand d'). On appelle ainsi les individus qui voyagent avec un cheval chargé de cerises, qu'ils échangent contre du vieux fer, des *plats* et *tellettes*. (Petites casseroles en terre.)

Plate-Bourse (être à l'). Être sans le sou. — Enseigne d'un cabaret de Lille située rue de la Barre.

Platiau, (. m.) Plateau, de *plat*. Parler *platiau* se dit pour parler patois. On dit qu'un homme est un vrai platiau lorsqu'il parle purement et ordinairement notre patois.

P'lote. Pelote. Morceau de sucrerie dont le nom rappelle la forme. On l'appelle aussi *p'lote guillante*. (Voir guiller).

Plume (savoir la). Savoir écrire. On prononce *plume*, dans ce cas, comme en français, dans tous les autres on écrit et on prononce *pleume*

Porta, (s. m.) Portail

Porte-au-sa, (s. m.) Mot à mot. *Porteur au suc*; portefaix.

Portelette, (s. f.) Voir *agrippin*.

Postillon, (s. m.) Petit morceau de papier qu'on enfile à la ficelle d'un cerf-volant (dragon), et qui, poussé par le vent, va le joindre en *courant* comme un postillon-conducteur.

Pota, (s. m.) Trou que font les enfants dans la terre pour jouer aux billes.

Potache, (s. m.) Potage. Ne s'emploie en patois que pour désigner la soupe au *lait-battu*.

Pouchin, (s. m.) Au propre, *poussin*; au fig., mot amical et enfantin.

Pour. Placé devant certains mots, comme *léquer* (lécher), *se mirer*, fait l'office de particule augmentative. Ainsi, *pourléquer*, exprime une action plus forte que *léquer*; *se pourmirer*, c'est se mirer, se regarder avec une sorte d'admiration.

Pourca (s. m.) Quête; vient évidemment du vieux mot pourchasser, rechercher avec persévérance.

Pourmirer, (v.) Admirer; regarder attentivement et avec plaisir.

Pronne, (s. f.) Prune; fig. soufflet.

Pun, (s. m.) Pomme.

Purer, (v.) On nomme *puro* une corbeille d'osier au moyen de laquelle on *pure* (épure) les cendres de charbon de terre afin de pouvoir les rebrûler.

Q. En général, les mots français

commençant par un *C*, commencent dans notre potois par un *Q*. Ainsi : Commander fait *quemander* ou *qumander* ; comment, *queumint* ou *qu'mint* ; chemin, *qu'min* ; cheminée ; *queminnée* ou *q'meinnée* ; chemise, *quemiche* ou *q'miche* ; cher, *quer* ; choisir, *queusir*.

Qnecques ou **Quenecques**, (s. f.) Petites billes en terre cuite; jeu très en usage parmi les garçons de huit à quatorze ans. Voici en quoi consiste ce jeu : On creuse près d'un mur une fossette qu'on appelle *pota*; on fixe le pas (la distance du but), puis *on y va* (c'est le mot consacré), *des deux*, *des quatre*, *des huit*, etc., c'est-à-dire que chacun met un nombre égal de billes et l'on joue alternativement. Il s'agit de mettre un nombre pair dans le *pota* pour avoir gagné. Qui croirait qu'un jeu si *innocent* puisse être la source d'une foule de contestations ? Rien n'est plus vrai cependant. Il arrive souvent que le joueur, soit qu'il ait le bras trop long, soit qu'il agisse frauduleusement, s'approche trop du but ; dans ce cas, ses adversaires l'arrêtent en criant : *Pique au pas !* et le coup est nul si l'accusé ne peut soutenir à coups de poings ce qu'il appelle *sin droit ju*; (son bon droit), s'il est faible et qu'il prétend avoir gagné quand même, on le traite *d'étrivette* et il reçoit les *cloquettes* (*voir ces mots*). Quelquefois l'une des billes s'arrête juste au bord de la fosse; on la nomme *dorse*, à cause qu'elle *dort*, disent les joueurs, mais un étymologiste prétendrait que c'est parce qu'elle reste à la *surface*, comme l'indique ce mot latin : *dorsum*. Quoiqu'il en soit, une *dorse* annulle le coup, car, depuis plusieurs siècles que le jeu de quenecque existe, on ne s'est pas encore accordé sur ce point; à savoir, si une quenecque *au bord du pota* n'est pas *dedans*.

Quenecques (envoyer juer à) Locution proverbiale ; se débarrasser de quelqu'un. Une jeune fille voulant éconduire une amoureux, dit qu'elle va *l'invoyer juer à qnecques*.

Qui-ch', **quoi-ch !** Qui est-ce ? Qu'est-ce ?

Quin, **Quinquin** ou **p'tit Quin**. Mots d'amitié qu'on adresse aux enfants et même aux personnes du sexe.

Quartellette, (s. f.) Dim. de *quarteau*, petite tonne de savonnier. -- Nom d'un ancien marchand d'oiseau. A en juger par le quatrain ci-dessous d'une chanson lilloise qui l'a rendu célèbre, c'était de plus un fervent disciple de Bacchus :

Connaichez-vous Cartelette,
Cartelett', marchand d'ojeaux ?
Pour avoir bu eun' canette
I s'a rédui' au tombeau.

J'ai dit de lui dans ma chanson des célébrités lilloises. (Page 13) :

A forch' de s' divertir,
Il s'a fait morir
A boire eun' canette....
Mais l' canchon n' nous dit point
Si ch'est d' bière, ou d' vin,
De schnick, ou d' brandvin.

Raccroc, (s. m.) On appelle *raccroc* d'une fête la suite qu'on lui donne quelque temps après. Ainsi, le *raccroc* d'une *ducasse* a lieu ordinairement à son octave; le repas qu'on offre à de jeunes époux à la noce desquels on a assisté se nomme *raccroc de noce*. On entend sans doute par cette expression, qu'en se réunissant de nouveau on se *raccroche* à ces fêtes.

Rabroutter, (v.) Litt. se rebrouetter; revenir à l'endroit d'où l'on était parti.

Rafistoler, (v.) Restaurer ; remettre en bon état.

Ramintuvoir, (v.) Vieux mot français signifiant : faire ressouvenir; remémorer.

Rappajer, (v.) Appaiser; calmer.

Rata, (s. m.) Abréviation de ratatouille, bouillie de pommes de terre.

Rechenner, (s. m.) Repas entre le dîner et le souper.

Récourre, (v.) Recouvrer, sauver une chose en danger d'être perdue.

J'ai brûlé min sarrau, je n' porrai rien n'in récourre, Ne s'emploie qu'à l'infinitif sans l'aide de l'auxiliaire avoir. Avec cet auxiliaire, il fait *réqueu*. J'ai *réqueu*, etc. Dans ce cas, il a quelquefois le sens *d'échu en partage*. Ainsi, dans ma chanson de la *Lettre à Marie-Claire*, je fais dire à *Popold*, lorsqu'il raconte que des provisions de toutes sortes ont été envoyées à l'armée d'Orient : *J'ai réqueu eun' piau d' mouton.*

Récurer, (v.) Écurer, nettoyer la vaisselle.

R'gerot, (s. m.) Legérot. Homme léger, à la tête faible.

Rejeter, (v.) Vomir.

Répourer, (v.) Epousseter.

Ressuer, (v.) Essuyer.

Retourner (savoir se.) Savoir se tirer avantageusement d'une affaire difficile; n'être embarrassé de rien

Réü, (adj.) Etre très-embarrassé, à bout de moyens.

Riache, (s. m.) Action de rire.

Je ne puis résister au désir de transcrire ce quatrain de mon devancier Brûle-Maison.

*L' peur qu'on a de s' mette in ménache
Va, laichons cha pour les rich's gins,
    Avec leus argint
I n' acat'ront mie du riache.*

Rojin, (s. m.) Au propre, raisin. Au figuré, mot amical. S'emploie ordinairement avec un qualificatif, comme *biau rojin, gros rojin, p'tit rojin.*

Rongneux, (s. m.) Terme de mépris. Petit, faible, malingre. Traiter quelqu'un ou quelque chose de rogneux, c'est comme si l'on disait qu'il est incomplet ; qu'il est *rogné*.

Rousti, (adj.) Etre déchu, mort, avoir perdu au jeu, ne plus rien posséder, c'est être *rousti*.

Russes, (s. f. p.) Embarras. Faire des russes, causer des peines, des tracasseries.

R'vidiache, (s. m.) De *vider*, terminer. De même qu'on a le *raccroc* d'une noce, d'une ducasse, on a le raccroc d'un baptême qui le *termine* ; c'est le *r'vidiache*. Il a lieu dans un cabaret le jour de la cérémonie des relevailles.

Sauteriau, (s. m.) Sauterelle.

Savez (dire) Dire : *Savez!* à un fournisseur, cela équivaut à ceci : Je n'ai pas d'argent à vous donner.

Séquoi. Dans le petit vocabulaire qui précède mon premier volume et que j'ai écrit sans avoir recours à aucun ouvrage sur la matière, j'ai défini ce mot : *chose, quelque chose*. J'ai lu depuis l'opinion de MM. Lorin, Hécart, et Pierre Legrand, notre concitoyen, lesquels s'accordent à dire que ce mot est formé de *je ne sais quoi*, pour dire *un objet quelconque, quelque chose*, parce que, disent les premiers de ces auteurs, lorsqu'on dit : *Donnez-me eun' séquoi*, on *ne sait* ce qu'on obtiendra. C'est aussi l'observation que m'a faite mon spirituel confrère Gustave Nadaud. Je n'ai certes pas la prétention d'entrer en discussion avec de telles autorités, mais je ne puis cependant leur donner complètement raison, et voici pourquoi : Quand je dis : j'ai eu *eun' séquoi*, je sais fort bien quelle est la chose que j'ai eue, seulement, il ne me plaît pas de la désigner. Donc, dans ce cas, le sens négatif ou dubitatif n'a plus de raison d'être, et le sens affirmatif m'éloigne de leur opinion. M. Legrand a aussi écrit, à tort, *séquoi* ou *deséquoi*, c'est l'oreille qui l'aura trompé. En effet, dans la prononciation *eun' séquoi* ressemble très-fort à *un d'séquoi*. (L' e muet que je retranche doit forcément disparaître.)

Snu, (s. m.) Tabac à priser ; de l'allemand *schnupfen*.

Soleil-Levant. Cabaret situé à Saint-André lez-Lille. Il y a dans ce cabaret une société d'archers qui accompagnent le mannequin de notre héroïne Jeanne-Maillotte lorsqu'on la promène dans un cortège quelconque

Soula, (s. m.) Soulagement.

Tablette, (s. f.) Morceau de sucre,

carré de forme, et de la grandeur d'un sou, nouveau modèle, avec lequel on boit le café. On a beaucoup critiqué nos Lilloises sur leur goût immodéré du café. Je crois devoir dire en leur faveur qu'on n'en a guère vu ruiner leur maris avec ce goût-là, car elles en font cinq ou six tasses avec une dimi-once et elles partagent ladite *tablette* en quatre morceaux !

Taïon, Taïonne, (s.) Bisaïeul.

Tambour-Muscat. Tambour de basque.

Tarniolle, (s. f.) Soufflet; tape.

Tasse, (s. f.) Poche; de l'allemand *tasch* et du flamand *tas* qui ont la même signification.

Terluire, (v.) Reluire.

Timblet, (s. m.) Saut. On pose la tête sur le sol, et l'on se renverse les pieds en avant.

Toilière, (s. f.) Marchande à la toilette, qui vend à payer *tant* par semaine.

Toudis, (adv.) Toujours.

Tritrons, (s. m. p.) Triton par épenthèse. Terme de musique : Accord dissonnant composé de trois tons. On se sert de ce mot pour caractériser la *mélodie* que produisent plusieurs cloches en branle. Ainsi, lorsque les cloches d'une paroisse annoncent l'ouverture (*l'accord*) de la ducasse, les enfants se mettent à chanter :

« *Allez, tritrons !*
Du bon gambon,
Nous en maing'rons.....
Si nous n'n avons.
Allez cloques ! (Bis). »

Trompette de ducasse. Jouet d'enfants; petite trompette.

Turlututù, (s. m.) Mirliton; onomatopée du chant qu'il produit.

U et Uche, (adv.) Où et où est-ce.

V et W. Ces lettres, dans le patois du Nord, se substituent très-souvent au *g* français. Ainsi, garder se prononce et s'écrit : *varder* ou *warder*; aiguille, anguille, font : *aiwille, anwille*; guetter ou regarder attentivement, se traduit par : *vétier* ou *wétier*; enfin les noms patronimiques de Watteblé, Watecamps, Watier, signifient: gâte-blé, gâte-champs, *gateur* ou gacheur.

Vaclette, (s. f.) Chaufferette. Ce vers de la pasquille, *Violette* :

Eun' femme', qui tient dins s' main s'
vaclette...

est le résultat d'une observation. Il y a en effet des femmes qui ne sortent jamais sans être munies de leurs *vaclettes* qu'elles tiennent sous leur tablier.

Varouler, (v.) N'être jamais à demeure fixe; aller et venir.

Varouleux, (s.) Qui varoule; c'est-à-dire qui *va et roule*, comme le commissionnaire, par exemple.

Zanzante. Nom () propre. Contraction d'Alexandre.

AIRS NOUVEAUX

DE

L'AUTEUR.

A MES CHANSONS.

Préface en forme de romance.

En-fants d'u-ne fol-le mu-set-te qui tout en ri-ant vous cré-a, Puis-que vous quit-tez ma cham-bret-te E-cou-tez l'a-vis que voi-là; Vou-lez vous ga-gner dans nos ru-es un peu de po-pu-la-ri-té. Il faut que vous soye-ez pour-vu-es d'un pas-se-port si-gné: gai-té. Al-lez chan-sons! par vos joy-eux sons, por-ter l'es-poir et l'al-lé-gres-se; Soy-ez l'ef-froi de la tris-tes-se, Et du bon-heur l'An-ge pré-cur-seur.

Imp. de Boldoduc fr. à Lille

VII.
LE CABARET.

LA DENTELLIÈRE.

X

LE CARNAVAL. — 11ᵉ Liv⁽ⁿ⁾ ; page 125.
Les deux Gamins. — 14ᵉ Liv⁽ⁿ⁾ p. 150.
Lettre de Popold. — 17ᵉ Liv⁽ⁿ⁾ p. 181.

XII
LE BROQUELET D'AUJOURD'HUI

13.e Livron, page 141.

Allegro.

Chaq' jour on in—tind dir' qu'i n'y a pus d'biell'fiête à Lill—le, Et même on pré—tind que l'Broq-let n'donn' pus d'a—mus'—mint. Mi, quand j'in—tinds cha, j'me r'mü' d'ins m'piau comme eune an—wil—le, Et j'leu dis: ah ça! Quoich'que vous vo—lez dir' par la? Est-ch'qu'on n'y dans' pus? Est-ch'qu'on n'y cant' pus? Est-ch'qu'on n'y rit pus? Vey-ons, dit's chiu qu'on n'y fait pus! Non non, tel qu'il est, l'Broq'let N'est point déjà si laid. Non non tel qu'il est L'Broq'-let n'est point d'jà si laid.

Fin.

L'ROI DES PERRUQUERS.

XIV

MADELEINE.
ou le vieux rintier amoureux.

16e Livon, page 149.

XV
L'MOUCHO D'LIQUETTE.

XVI.
CÉSAR FIQUEUX.
ou l'Gasconneux.

TABLE.

A mes chansons. . . . . page.	v
Le jour de l'an.	1
L' garchon d'hopita.	5
L' parainache	8
La Curiosité ou les Célébrités Lilloises.	13
La Nouvelle-Aventure.	19
L' fille à Gros Philippe.	22
L' Garchon Girotte à l' soirée de M. de Linski.	25
L' moulin Duhamel.	33
Histoire amoureuse et guerrière d'un tambour.	37
Une aventure de carnaval.	41
L' marchand d' macarons.	45
L' canchon dormoire.	49
Opinion du Garchon Girotte, sur les choses tournantes. .	54
Choisse et Thrinette, pasquille.	61
Manicour.	77
Croqsoris.	81

Les prédictions . . . . *page.*	85
Nicolas ou le baiser volé.	89
L' canchon Thrinette et l'Impereur de Russie.	93
Le cabaret	97
La vieille dentellière.	100
Heur et malheur ou l' ducasse St-Sauveur.	105
Violette, pasquille	109
Violette, chanson	115
Les maflants.	122
Le carnaval.	125
Le bonnet de coton, pasquillette.	130
Liquette	133
Les amours du diable et de l' fille d'un porte-au-sa. . .	137
Le broquelet d'aujourd'hui	141
La morale de Roger-Bontemps	146
Les deux gamins	149
L' roi des perruquers.	161
Vivent les Lillos.	166
Mad'leine ou l' Vieux Rintier amoureux	169
Les archers du Soleil-Levant.	173
Le mouchoir.	177
L' moucho d' Liquette.	179
César fiqueux ou l' gasconneux.	181
Lettre de Popold, soldat de l'armée d'Orient. . . .	185
Une promenade en bateau, aller.	189
Une promenade en bateau, retour.	194
La Curiosité, couplets supplémentaires.	199

TABLE DE LA MUSIQUE.

Air de : A mes chansons. II
  Id. L' canchon dormoire. III
  Id. Manicour. IV
  Id. Croqsoris V
  Id. Les prédictions. VI
  Id. Le cabaret. VII
  Id. La dentellière VIII
  Id. Violette. IX
  Id. L' carnaval ; Les deux Gamins ; Lettre de Popold. . X
  Id. Liquettte XI
  Id. L' broquelet d'aujourd'hui. XII
  Id. L' roi des perruquers XIII
  Id. Mad'leine ou l' Vieux Rintier amoureux XIV
  Id. L' moucho d' Liquette XV
  Id. César Fiqueux. XVI

FIN.

ERRATA.

Page 21. Au lieu de : *presque point d' pied*, lisez : *presque point d' pieds*.

Page 25. Lisez ainsi le premier vers du premier couplet :
Allons cesse t'n air in colère,

Page 29. Lisez ainsi le sixième vers :
Plein' d'iau, d' chuc-baptême et d' bon vin,

Page 40. Lisez ainsi le premier vers du dernier couplet :
Pus tard, quand j'ai revenu dins Lille.

Page 69, vingtième vers. Lisez : *réü* et non *réhu*.

Page 72. Lisez ainsi le septième vers :
I passot les tros quarts des nuits,

Page 74. Lisez ainsi le deuxième vers :
Ah! je m' f'rai morir d'un bon cœur,

Page 77. Au lieu de : *Ch'est comme un fichau*, etc., Lisez ces deux vers :
Elle a du bonheur
S'i n' li prind point sin cœur!

Page 97. Lisez ainsi le dernier vers :
I n' pass'ra point tros lettes

Page 113. Lisez ainsi le vingtième vers :
Pour divertir garchons et filles

Lille, Imprimerie de Lefebvre-Ducrocq.

www.ingramcontent.com/pod-product-compliance
Lightning Source LLC
Chambersburg PA
CBHW070655170426
43200CB00010B/2246